CB133840

Desafios e Perspectivas da Modernização das Polícias Civis na Sociedade Brasileira:

Reflexões sobre uma nova governança da polícia de investigação

editora
PUC Minas

EDITORA PUC MINAS
CNPJ: 17.178.195/0028-87 – Rua Dom José Gaspar, 500 – Prédio 30
Coração Eucarístico – CEP: 30535-901 – Belo Horizonte-MG
editora.pucminas.br

FÓRUM
CONHECIMENTO JURÍDICO

EDITORA FÓRUM LTDA
CNPJ: 41.769.803/0001-92 - Rua Paulo Ribeiro Bastos, 211
Jardim Atlântico - CEP: 31710-430 - Belo Horizonte-MG
editoraforum.com.br

Luis Flávio Sapori
Jésus Trindade Barreto Júnior
Gustavo Persichini de Souza
Lauro Soares de Freitas

Desafios e Perspectivas da Modernização das Polícias Civis na Sociedade Brasileira:

Reflexões sobre uma nova governança da polícia de investigação

Belo Horizonte
Editora PUC Minas
Editora Fórum
2024

© *Luis Flávio Sapori et al.*

Pontifícia Universidade Católica de Minas Gerais
Grão-Chanceler: Dom Walmor Oliveira de Azevedo
Reitor: Prof. Dr. Pe. Luís Henrique Eloy e Silva
Pró-reitor de Pesquisa e de Pós-graduação: Sérgio de Morais Hanriot

Editora PUC Minas
Direção e coordenação editorial: Mariana Teixeira de Carvalho
Comercial: Daniela Figueiredo Andrade Albergaria
Revisão: Michel Gannam, Thúllio Salgado e Flávia Lobato

Diagramação: Cumbuca Studio

Conselho editorial: Alberico Alves da Silva Filho, Conrado Moreira Mendes, Édil Carvalho Guedes Filho, Eliane Scheid Gazire, Flávio de Jesus Resende, Javier Alberto Vadell, Leonardo César Souza Ramos, Lucas de Alvarenga Gontijo, Márcia Stengel, Pedro Paiva Brito, Robson Figueiredo Brito, Rodrigo Coppe Caldeira, Rodrigo Villamarim Soares, Sérgio de Morais Hanriot

FICHA CATALOGRÁFICA
Elaborada pela Biblioteca da Pontifícia Universidade Católica de Minas Gerais

---

D441

Desafios e perspectivas da modernização das polícias civis na sociedade brasileira: reflexões sobre uma nova governança da polícia de investigação / Luis Flávio Sapori ... [et al]. Belo Horizonte: Editora PUC Minas; Editora Fórum, 2024.

172 p.: il.

ISBN: 978-65-88547-86-1

Outros autores: Jésus Trindade Barreto Júnior, Gustavo Persichini de Souza, Lauro Soares de Freitas

1. Administração policial - Governança. 2. Policiais civis. 3. Segurança pública - Brasil. 4. Inquérito policial. 5. Investigação criminal. I. Sapori, Luis Flávio. II. Título.

CDU: 343.123.1

Ficha catalográfica elaborada por Fabiana Marques de Souza e Silva - CRB 6/2086

DEDICAMOS ESTE LIVRO

Às mulheres e aos homens que compõem as polícias civis brasileiras, que diariamente enfrentam imensos desafios com coragem e dedicação, em busca da justiça e da segurança para todos.

Às vítimas da criminalidade, que nos lembram da urgência por melhorias e da necessidade de uma polícia mais eficiente e justa.

Às nossas famílias, pelo apoio, paciência e compreensão durante o processo de pesquisa e escrita desta obra.

Aos pesquisadores que se dedicam a estudar as organizações policiais e a segurança pública, pois, através de suas pesquisas, conhecemos melhor essas instituições e, assim, somos capazes de compreendê-las e transformá-las.

E a todos os cidadãos brasileiros que acreditam na possibilidade de um futuro melhor, mais seguro e mais justo.

"A modernização das forças policiais deve ser um compromisso contínuo com a eficiência, a justiça e a proteção dos direitos humanos. Sem essa evolução, permanecemos presos a estruturas obsoletas que falham em proteger a sociedade de maneira eficaz."

David H. Bayley,
Changing the Guard: Developing Democratic Police Abroad, 2005

SUMÁRIO

INTRODUÇÃO

Ultrapassamos três décadas de trajetória democrática desde a promulgação da Constituição de 1988. Esse período trouxe a efervescência de novas narrativas e ações políticas e culturais, além de novas práticas de cidadania, configurações de mercado e readequações institucionais em diversos órgãos e estruturas do poder público. Assim, vivemos um tempo de mudanças que, em sua essência, refletiu a orientação primordial do pós-guerra, com ênfase nos direitos humanos. Discursos alternativos, visões de mundo de grupos identitários e uma clara energia voltada para novas reivindicações emergiram. A luta por direitos, em favor da liberdade individual e coletiva, é uma marca desse panorama. Pessoas e organizações mudaram profundamente.

Atualmente, emergem vozes de antagonismo político, especialmente com o crescimento de posições conservadoras. Há um confronto mais acentuado entre os polos das concepções políticas, oscilando entre o que se considera como direita e esquerda. O campo da segurança pública foi especialmente afetado por esse clima. Ele passou a ser influenciado por uma opinião pública mais exigente, impulsionada pela vocalização de setores da sociedade civil organizada e universidades, que, embora em relações tensas e polarizadas, estão mais presentes do que nunca. Além disso, as próprias organizações policiais passaram a atuar de forma mais ativa, embora essa postura tenha gerado, não raramente, conflitos internos, como as disputas entre carreiras policiais.

A competição entre as instituições do campo é notória, sendo o caso mais explícito as controvérsias sobre a competência para a investigação criminal, que se estendem além das polícias civil e federal, envolvendo outras instituições do sistema de segurança pública e do sistema de justiça criminal. Do ponto de vista do ideário democrático, a segurança pública passou a ser fundamentada na ideia de proteção de direitos, com o emprego técnico e procedimental da força legítima, distanciando-se da ideologia da "guerra contra o inimigo". Nesse contexto, buscou-se afastar as concepções autoritárias, romantizadas e ideologizadas, aproximando-se de referências de cunho científico, aplicadas crescentemente às questões relacionadas às polícias, seus operadores, mandatos e a nova ordem constitucional.

As polícias civis foram explicitamente elencadas na Carta de 1988, no artigo 144, como responsáveis pelo exercício da "Polícia Judiciária e apuração das infrações penais, exceto as militares", no âmbito dos estados federados. Essas duas dimensões representam basicamente a autoridade para investigar crimes e interagir com o Poder Judiciário, bem como suas funções essenciais (ministério público, advogados públicos e privados, e defensorias públicas), no sentido de obter e cumprir ordens coercitivas relacionadas ao esclarecimento de condutas ilícitas tipificadas na lei penal. O objetivo é fornecer elementos de certeza para a atuação judicial no processo penal.

Apesar do espírito renovador da Constituição de 1988, há indícios de que as polícias civis não passaram por um processo organizado e profundo de autocrítica que lhes permitisse uma evolução estrutural adequada às mudanças históricas desse período. Ainda sujeitas a um legado cultural com raízes no Império, as polícias civis mantêm traços ancestrais em suas estruturas organizacionais, assim como nas nomenclaturas profissionais e na visão de mundo diante da criminalidade.

Nesse sentido, quais seriam as bases para um plano efetivo de modernização da Polícia Civil? Quais inovações poderiam surgir no horizonte de um planejamento capaz de revitalizar essas instituições? Enfrentar essas questões nos conduz à necessidade de construir um projeto aberto a novas formas de trabalho, considerando erros e acertos do passado e do presente. Do ponto de vista político, significa repensar o modelo de governança, projetando inovações na estrutura organizacional, no desenho de cargos e carreiras, e no empoderamento em nome da sociedade, qualificando o processo de tomada de decisões e de execução do próprio mandato.

Materialmente, significa implantar uma plataforma tecnológica multisserviços e redefinir os processos de trabalho atribuídos aos cargos policiais e administrativos, descentralizando atividades delegáveis ao mercado (terceirização de determinados serviços meramente instrumentais). Tudo isso deve ser pensado de modo sistêmico, baseando-se nos clássicos vetores da eficiência, eficácia e efetividade. Em termos estritamente administrativos, a logística demanda nova orientação para melhorar a organização das diferentes unidades das polícias civis.

Vale formular algumas perguntas fundamentais. É razoável manter a atual racionalidade organizacional, que, com diferenças de execução à parte, traduz um modelo relativamente uniforme nas polícias civis dos estados? É produtivo ter escopo de atuação política e administrativa em frentes tão diversas como as de hoje, considerando a divisão de competências das unidades superiores? É possível permanecer indiferente à relação estruturalmente espontânea entre a ação operativa e a inteligência policial, que ainda se encontra distante de uma visão científica de gestão do conhecimento? Por que as decisões políticas, administrativas e operacionais da Polícia Civil não são fundadas em um único centro, cientificamente estruturado, para gestão dinâmica e em tempo real de dados e informações durante as 24 horas do dia?

Essas e outras perguntas exigem respostas que desafiam a eficácia das ações da Polícia Civil e demandam tendências observadas em organizações de porte semelhante, tanto na esfera pública quanto na privada. Portanto, não seria hora de uma mudança planificada e convergente? Não seria o momento de ousar, inovar e recriar?

Inovar significa repensar toda a estrutura atual, tanto em relação ao escopo dos serviços prestados quanto à forma de sua execução. A modernização dos processos de investigação, ponto central desse esforço, é o eixo de convergência. Esse é o cenário que define a análise da situação das polícias civis na sociedade brasileira, objeto deste livro, que está estruturado em seis capítulos articulando diagnóstico, soluções e uma proposta de novo arranjo institucional.

No primeiro capítulo, são apresentadas evidências empíricas sobre a baixa eficácia da investigação criminal no país. As reduzidas taxas de esclarecimento de crimes e a dependência excessiva dos flagrantes realizados pelas polícias militares são indicativos dessa ineficácia. Nesse capítulo, consideramos possíveis explicações para essa realidade, com destaque para a escassez crônica de recursos humanos e materiais nas polícias civis.

No segundo capítulo, aprofundamos o diagnóstico ao destacar aspectos de estrutura, gestão e cultura organizacional. Evidenciamos pontos de ineficácia relacionados à vulnerabilidade ao clientelismo político, à formação de pirâmides paralelas de poder, à inadequação da estrutura de cargos e carreiras, e ao excesso de burocracia que define o inquérito policial. Ao final, sinalizamos a necessidade de uma nova governança para as polícias civis, baseada em uma matriz de investigação criminal guiada pela inteligência.

O conceito de investigação guiada pela inteligência é detalhado no terceiro capítulo. Esse modelo teórico e prático é proposto como a matriz para modernizar a investigação criminal. A gestão da informação e do conhecimento é fundamental para garantir eficácia nas decisões policiais. A implementação desse modelo implica uma nova forma de gerenciar o conhecimento nas organizações policiais, superando a separação entre *ação operativa* e *informação*.

No quarto capítulo, instrumentalizamos o modelo da investigação guiada pela inteligência para a realidade brasileira, apresentando diretrizes para a modernização das polícias civis, com destaque para a constituição de um Centro de Direção e Controle da Investigação (CDCI). Nos dois últimos capítulos, defendemos a reestruturação das carreiras policiais e a conformação do inquérito policial em moldes menos burocráticos, distinguindo entre inquérito e investigação, aspecto relevante para a modernização das polícias civis.

Nossas análises combinam conhecimento científico e prático. Utilizamos pesquisas recentes sobre a Polícia Civil e investigação criminal, realizadas por renomados cientistas sociais brasileiros. Esse acervo foi fundamental para o diagnóstico, acrescido do conhecimento prático acumulado por alguns dos autores com longa experiência na Polícia Civil. Reafirmamos a convicção de que o teórico e o prático são dimensões complementares na modernização das polícias civis na sociedade brasileira.

CAPÍTULO 1

A BAIXA EFICÁCIA DA INVESTIGAÇÃO CRIMINAL NA SOCIEDADE BRASILEIRA

O Brasil é um dos países mais violentos do mundo. Não há dúvida quanto a isso. E esse fenômeno é evidenciado pelo número absoluto anual de mortes violentas intencionais, em torno de quarenta e sete mil, de roubos, em torno de novecentos mil, de estupros, em torno de setenta e quatro mil, e de feminicídios, próximo a mil e quinhentos (FBSP, 2024, p. 20).

A dinâmica da violência na sociedade brasileira está intimamente associada aos jovens de 15 a 24 anos, que são tanto as principais vítimas quanto os principais autores de crimes violentos. O crescimento da violência nesse grupo social se concentrou nas periferias urbanas. Diversas pesquisas realizadas no Brasil, voltadas à elaboração de mapas da violência no espaço urbano, chegaram à mesma conclusão: a incidência de homicídios é maior nos territórios de maior vulnerabilidade social. Portanto, não se pode desconsiderar que a criminalidade violenta está associada às desigualdades sociais, que insistem em macular o país mesmo após os avanços alcançados. Há uma inquestionável seletividade social tanto na vitimização pela violência quanto na ação punitiva por parte do aparato policial, judicial e prisional. Os jovens negros, pobres e residentes nas regiões de maior vulnerabilidade social que constituem o grupo social mais vitimizado pelos crimes violentos e, ao mesmo tempo, os mais susceptíveis à repressão do Estado.

A despeito disso, não se pode ignorar que a violência na sociedade brasileira está associada, em boa medida, à consolidação do mercado ilícito das drogas, comercializando, num primeiro momento, a maconha, a cocaína e, posteriormente, o crack. O problema não está nos efeitos químicos que essas drogas provocam no organismo dos usuários. A maconha, a cocaína em pó e o crack não criam, necessariamente, pessoas agressivas e dispostas a matar. Elas criam uma necessidade física e psicológica que favorece furtos e roubos, mas não a violência em si, que surge na comercialização dessas drogas, ou seja, o próprio tráfico de drogas é que gera jovens dispostos a matar. Isso acontece porque a compra e a venda de certas drogas são muito rentáveis por serem ilegais, sendo consideradas crimes pelo ordenamento jurídico. (Sapori; Medeiros, 2010)

Os assassinatos estão relacionados à combinação de racionalidade econômica e ilegalidade que estruturam esse mercado. Isso ocorre porque nos mercados ilegais os problemas de valor dos bens comercializados, da competição entre os fornecedores e da cooperação entre os atores econômicos apresentam contornos específicos, comparativamente aos mercados legais. Em outras palavras, a construção da ordem social nos mercados ilegais manifesta singularidades em relação aos mercados legais. A violência física tende a ser recurso de resolução de conflitos e consequente manutenção da ordem muito mais utilizada nos mercados ilegais comparativamente aos legais.

Outro aspecto decisivo que conforma a criminalidade violenta na sociedade brasileira é a fragilidade do Estado de Direito enquanto instituição provedora da segurança pública. A garantia do monopólio do uso legítimo da força pelo Estado não se consolidou no período democrático. Ao contrário, a violência se espraiou pelas relações sociais cotidianas como em nenhum outro momento da nossa história. Vivenciamos um verdadeiro processo descivilizador que afeta profundamente a qualidade da nossa democracia e os valores que a sustentam.

A indigência das políticas de segurança pública é fator a ser considerado nesse processo. Elas têm sido pautadas pela improvisação e pela mera reação a eventos "graves" que são repercutidos pelos meios de comunicação de massa. Não se identificam avanços qualitativos consistentes na formulação e na gestão de políticas públicas de controle da criminalidade em qualquer âmbito da federação nas últimas três décadas. A ineficiência das polícias, a morosidade da justiça criminal e a ampla degradação do sistema prisional são problemas crônicos que parecem insolúveis.

É preciso reconhecer que o arranjo institucional da segurança pública estabelecido pela Constituição Federal não contribuiu para a construção de uma sociedade mais pacífica. A democracia instaurada pela nova Carta Constitucional amparou-se em velhas estruturas do sistema policial e judicial, muitas delas anteriores à própria ditadura militar. A Constituição de 1988 reafirmou assim um sistema de segurança pública que, à época da sua promulgação, já se mostrava frouxamente articulado, ineficiente no controle do crime e recalcitrante no respeito aos direitos civis da cidadania. Ressalte-se sob tal perspectiva a relevância da impunidade como fomentadora da violência no país.

Impunidade diz respeito à baixa efetividade do Estado na garantia da segurança pública. A preservação da vida e do patrimônio dos cidadãos é responsabilidade das instituições estatais especificamente criadas para esse fim, quais sejam, a polícia, a Justiça e a prisão. Compõem o que se denomina de sistema de segurança pública, com divisão complementar de atribuições. A polícia previne e investiga os crimes, a Justiça processa e julga os acusados e a prisão aplica a pena dos criminosos condenados. Além da Constituição Federal, outros ordenamentos jurídicos delimitam o funcionamento do sistema de segurança pública, quais sejam, o Código Penal, o Estatuto da Criança e do Adolescente, o Código de Processo Penal e a Lei de Execução Penal.

A impunidade no Brasil diz respeito ao mau funcionamento de todo esse arcabouço institucional (Sapori; Soares, 2015). Diz respeito ao baixo grau de certeza da punição, que se refere à ineficiência do sistema de segurança pública na aplicação do ordenamento jurídico, destacando-se:

a) *A baixa capacidade preventiva da polícia*: o efetivo policial, quando distribuído nos locais e horários de maior incidência da criminalidade (zonas quentes de criminalidade), é capaz de reduzir a incidência do fenômeno. A presença de policiais fardados, patrulhando diariamente as vias públicas, reduz as oportunidades para o cometimento de crimes. Quando isso é feito de maneira precária, poucos criminosos conseguem vitimar grande número de pessoas, especialmente no que concerne aos crimes contra o patrimônio. Essa é a realidade prevalecente nas grandes e médias cidades brasileiras. O policiamento ostensivo no Brasil ainda é meramente reativo. A polícia atua quando o crime já foi consumado. São raros os planos operacionais pautados pela lógica proativa, distribuindo os recursos humanos e materiais com o intuito de prevenir a incidência de crimes. É fala recorrente entre os comandos das polícias militares no Brasil a de que a polícia não consegue se antecipar ao crime, evitando sua ocorrência, o que leva a uma postura de resignação diante dos elevados indicadores de criminalidade violenta, como se nada pudesse ser feito. Prevalece a prática de distribuir o efetivo policial por turnos de trabalho, sem análises prévias da distribuição do crime no tempo e no espaço;

b) *A baixa capacidade investigativa da polícia*: a investigação de crimes envolve a adoção de procedimentos para se comprovar, antes de tudo, que o fato realmente aconteceu, denominado de materialidade do crime, e a coleta de evidências sobre a autoria dele. Esse trabalho é sistematizado no inquérito policial que, quando finalizado, é remetido à Justiça. Considera-se o crime esclarecido quando o inquérito policial conseguiu evidenciar a materialidade e a autoria, sustentando a atividade processual. A taxa de esclarecimento de crimes no Brasil, segundo estudos recentes, é muito baixa;

c) *A morosidade da justiça*: a justiça criminal brasileira é muito lenta. A principal evidência nesse sentido é o tempo que o crime de homicídio demora para ser processado e julgado. Há estudos científicos nesse sentido comprovando que o tempo médio transcorrido entre a data de ocorrência do homicídio e a data do julgamento pelo Tribunal do Júri é de sete anos. As variáveis que contribuem para a morosidade no processamento dos crimes de homicídio no Brasil estão, principalmente, na fase judicial. Dizem respeito à excessiva burocratização dos procedimentos judiciais e aos inúmeros recursos para os tribunais superiores. O excesso de prazo, decorrente da requisição de laudos e de perícias que podem ser utilizados pelo juiz para fundamentar sua decisão ou que podem ser solicitados por ele, atrasa ainda mais o fluxo processual.

d) *A precariedade do sistema prisional*: a superlotação do sistema prisional também deve ser contemplada como dimensão da impunidade. A população prisional do Brasil ultrapassa o contingente de 800 mil presos, ao passo que o número de vagas não chega a 400 mil. Essa realidade afeta a capacidade do poder público de garantir aos presos o tratamento digno previsto na Lei de Execução Penal, diminuindo as possibilidades de reintegração social e, consequentemente, ampliando as chances de reincidência criminal. A ociosidade dos presos é preponderante nas unidades prisionais do país, sendo que apenas 20% dos detentos exercem atividades de laborterapia. Os presos que estão estudando no sistema, por sua vez, não alcançam 10%. Não bastasse isso, boa parte dos presídios brasileiros transformou-se em verdadeiros *home offices* do crime. Estudos recentes revelam ainda que o país possui na atualidade mais de 60 facções criminosas constituídas e atuantes em todo o território nacional, quase, na totalidade, dedicadas ao tráfico de drogas. Todas essas facções se estruturam no interior de unidades prisionais.

Como se depreende, a impunidade na sociedade brasileira não está adstrita a uma organização específica. É o sistema de segurança pública e justiça criminal como um todo que funciona mal. Dada a proposta deste livro, contudo, vamos nos concentrar na análise mais sistemática dos problemas que estão conformando a investigação criminal realizada pelas polícias civis estaduais. A atuação da Polícia Federal não constitui objeto da presente reflexão.

Investigação criminal e segurança pública

A investigação criminal constitui atividade fundamental do Estado na efetivação da segurança pública. É através dela que são identificados eventuais autores de crimes, de modo que evidências são sistematizadas e servem de base para a fase processual propriamente dita. Nesse sentido, envolve as seguintes tarefas: a) identificar e interrogar suspeitos; b) produzir provas jurídicas; e c) instruir o processo criminal.

A despeito do fato de que o Ministério Público pode também investigar crimes, cabe às Polícias Civis estaduais a principal responsabilidade nesse sentido, além da Polícia Federal. Elas são elo imprescindível do fluxo de atividades que compõem a dinâmica do sistema de segurança pública e justiça criminal na sociedade brasileira, conforme a Figura 1.

Figura 1 – Estrutura e fluxo de atividades do sistema de segurança pública e justiça criminal – Brasil

Fonte: Adaptado de Ribeiro (2010).

O sistema de segurança pública e justiça criminal é composto por organizações diversas, cada uma delas dedicada à execução de atividades próprias que se complementam. Sob o ponto de vista formal, o desenho institucional do sistema prevê uma dinâmica pautada pelo equilíbrio, pela cooperação e pela integração. Não é o que efetivamente ocorre, entretanto. Conflitos de interesses são recorrentes como também o isolamento institucional. A perspectiva corporativista tem orientado o funcionamento dessas organizações. O sistema de segurança pública e justiça criminal na sociedade brasileira constitui, sob tal prisma, típica manifestação de um sistema frouxamente articulado (Sapori, 2006).

A principal fonte de frouxa articulação é a separação do trabalho policial em duas organizações distintas, a Polícia Militar, que realiza o policiamento ostensivo, e a Polícia Civil, que realiza o trabalho investigativo. Na quase totalidade das democracias contemporâneas, as atividades ostensiva e investigativa são realizadas pela mesma polícia, independentemente de quantas existam. É o que se denomina de polícias de ciclo completo.

Tal singularidade do subsistema policial brasileiro provoca a emergência de inúmeros focos de disjunção no trabalho do policiamento ostensivo e investigativo. É o caso, por exemplo, da ausência de mecanismos integrados e articulados de planejamento das intervenções públicas na área. A segmentação de trabalho entre as polícias faz com que as tarefas envolvidas no controle da criminalidade estejam concentradas no âmbito ostensivo, resumindo-se a planos de distribuição dos recursos humanos e materiais das polícias militares. A investigação policial e eventual identificação e detenção de criminosos ocorre em momento distinto e obedece somente à lógica de elaboração de documento a ser entregue às instâncias judiciais, que é o inquérito policial. Em outras palavras, a divisão polícia ostensiva/polícia investigativa é aspecto institucional dos mais relevantes para a devida compreensão dos percalços da investigação criminal na sociedade brasileira.

A atividade investigativa é crucial na dinâmica do sistema de segurança pública e justiça criminal.

Conforme argumentam Costa e Oliveira Júnior (2016),

> De fato, a investigação criminal tem desempenhado duas funções críticas relacionadas à promessa estatal de segurança. Em primeiro lugar, ela é a principal "porta de entrada" do Sistema de Justiça Criminal. Embora existam outras situações que prescindam da polícia, a maioria dos processos criminais tem origem no inquérito policial. Ademais, a investigação desempenha papel central na função de dissuadir a prática de crimes; ela certamente é a iniciativa mais visível dos esforços policiais para dar uma resposta convincente à sociedade (Costa; Oliveira Júnior, 2016, p. 150).

Estudos recentes, contudo, têm evidenciado que a investigação realizada pelas polícias civis estaduais tem se caracterizado por elevados patamares de ineficácia. Não estão em questão a competência, a seriedade e o compromisso profissional dos policiais civis brasileiros. Em toda organização, especialmente as componentes do sistema de segurança pública e justiça criminal, existem membros que destoam dos parâmetros morais e disciplinares respectivos. A eventual publicização de casos de violência desmedida ou mesmo de corrupção não pode fundamentar a convicção de que as polícias civis brasileiras são incompetentes. Há incontáveis exemplos de trabalho investigativo sério, zeloso, eficaz e dentro dos parâmetros da legalidade. Na verdade, essa é a regra e não a exceção.

Entretanto, o esforço individualizado dos milhares de policiais civis não tem produzido resultados agregados satisfatórios. As evidências empíricas apontam para a ineficácia da investigação criminal, realidade presente em maior ou menor grau em todo o território nacional. O problema não está nos indivíduos, propriamente. Trata-se de questão sociológica, produto tanto da estrutura quanto da cultura organizacional. Eis a questão a merecer aprofundamento analítico.

Baixas taxas de esclarecimento de crimes

A se considerar que a investigação envolve a adoção de procedimentos diversos para a eventual confirmação do delito registrado oficialmente bem como da identificação do(s) suposto(s) responsável(eis) pelo cometimento do mesmo, a eficácia da Polícia Civil deve ser mensurada necessariamente pela capacidade de seus profissionais alcançarem tal resultado previsto institucionalmente.

O Instituto Sou da Paz, sediado em São Paulo, propôs em 2017 a criação de um Indicador Nacional de Esclarecimento de Homicídios. A escolha desse crime deve-se ao reconhecimento de que, para conter a violência no Brasil, é necessário, além de políticas efetivas de prevenção e repressão qualificada, o fortalecimento da investigação de homicídios.

> Afinal, pôr termo à impunidade significa, em matéria de crimes contra a vida, retirar criminosos perigosos – alguns responsáveis por inúmeras mortes – de circulação, dissuadir novos crimes e mortes em espirais de vingança, e efetivar o direito à verdade e à memória daqueles que foram diretamente afetados (Sou da Paz, 2020, p. 1).

Tal indicador pretende calcular a proporção das mortes violentas intencionais que geram ações de responsabilização pelo sistema judiciário brasileiro em cada uma das unidades federativas, em determinado período. Definem como homicídio doloso esclarecido aquele no qual pelo menos um agressor foi denunciado pelo Ministério Público. Em outros termos, a taxa de esclarecimento de homicídios é estabelecida pela proporção de denúncias criminais perante o total de crimes registrados, conforme a fórmula apresentada a seguir:

$$TxEscl = \frac{\text{Ocorrências de homicídio doloso consumado que geraram denúncias criminais ANO+1}}{\text{Ocorrências de homicídio doloso consumado ANO}}$$

Fonte: Elaboração própria

Há controvérsias quanto à metodologia proposta pelo Instituto Sou da Paz. A entidade considera elucidado apenas o homicídio do qual as investigações resultam em indiciamento e oferecimento posterior de denúncia pelo Ministério Público, ou seja, são excluídas as situações em que o suspeito é identificado, mas não indiciado, e aquelas em que o suposto autor do crime vem a falecer antes da denúncia. Nesses casos, o crime é apurado, mas não há o indiciamento ou denúncia da pessoa morta.

Como contraponto, o Conselho Nacional dos Chefes de Polícia Civil editou a Resolução nº 6, de 15 de agosto de 2018, e estabeleceu que o índice de elucidação de investigações corresponde à soma dos procedimentos remetidos com elucidação ao Poder Judiciário, dividida pelo total de procedimentos remetidos àquele órgão. O procedimento remetido com elucidação abrange aqueles elucidados com indiciamento, os parcialmente elucidados e os elucidados sem indiciamento. Estão englobadas as conclusões de que o fato não constitui crime e as situações de falecimento do autor, de anistia, graça ou indulto, de retroatividade da lei benéfica, de prescrição, decadência ou perempção, de renúncia ao direito de queixa ou perdão do ofendido, de retratação do autor e de perdão judicial (Ferreira; Sapori; Lima, 2023).

A despeito da ausência de consenso a esse respeito, o fato é que o estudo realizado pelo Instituto Sou da Paz é consistente e revela com nitidez a magnitude do problema. Ao se analisarem os dados sistematizados no período de 2015 a 2021, é possível constatar que a taxa média anual de esclarecimento de homicídios no Brasil ficou no patamar abaixo de 40%. O ano de 2018 destoa dos demais, podendo-se afirmar pequena melhora na taxa de esclarecimento de homicídios no triênio 2019-2021 em comparação ao triênio 2015-2017.

Há relevantes diferenças estaduais na performance investigativa das respectivas polícias civis, sendo que em alguns estados a taxa de esclarecimento está acima de 60%, como são os casos de Mato Grosso, Paraná e Minas Gerais. Por outro lado, há muitos estados com taxas de esclarecimento de homicídios abaixo de 30%, a saber, Rio de Janeiro, Bahia, Rio Grande do Norte, Amapá, Pará, Roraima, Ceará e Piauí (Sou da Paz, 2023).

Gráfico 1 – Percentual de homicídios esclarecidos no Brasil segundo ano da morte

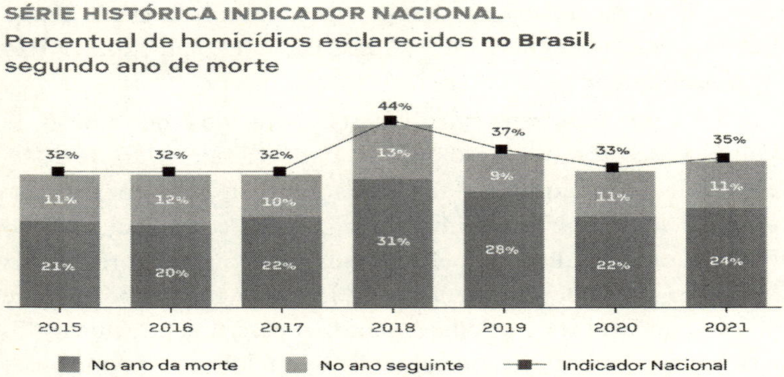

Fonte: Sou da Paz, 2023.

Mesmo considerando as diversidades, pode-se afirmar que a eficácia das polícias civis brasileiras na investigação de homicídios é muito baixa tomando como parâmetro a realidade internacional. A média mundial é de 63% de esclarecimento. Os maiores índices de impunidade estão nos países das Américas, tendo 43% de homicídios elucidados. Nos Estados Unidos, contudo, a taxa média de esclarecimento de homicídios a partir dos anos 2000 está em 65%. Os países da Europa concentram a menor taxa de impunidade, com 92% dos homicídios elucidados pela polícia, e a maioria dos autores das mortes são familiares e parceiros das vítimas, fator que facilita a elucidação dos casos. No que diz respeito aos países latino-americanos é importante fazer a ressalva da elevada influência do crime organizado na incidência de homicídios, aspecto dificultador da elucidação dos casos (UNODC, 2023).

Figura 2 – Percentual de esclarecimento de homicídios pela Polícia por Continente

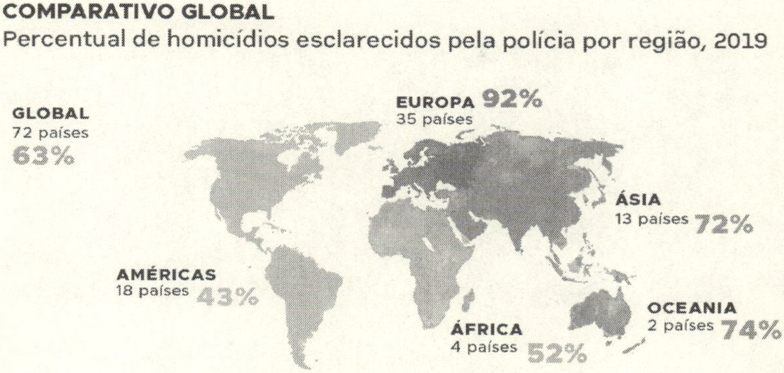

Fonte: Sou da Paz, 2023.

No que diz respeito ao esclarecimento dos crimes contra o patrimônio, em especial roubos, não dispomos de estudos recentes de âmbito nacional. As evidências sistematizadas em poucos estados, entretanto, sinalizam capacidade investigativa inferior à capacidade investigativa de homicídios. Os dados disponíveis se referem principalmente à taxa de instauração de inquéritos policiais no referido crime, não propriamente à taxa de esclarecimento, ou seja, a taxa corresponde à proporção de roubos oficialmente registrados que tiveram investigações iniciadas através da instauração formal do inquérito policial. Destaca-se que a taxa de esclarecimento tende a apresentar magnitude inferior à taxa de instauração de inquéritos.

Estudo realizado no estado de Minas Gerais, por exemplo, em meados dos anos 2000, revela que a taxa de instauração de inquéritos de roubos estava abaixo do patamar de 10%, conforme o Gráfico 2. Em estudo mais recente, por sua vez, Carvalho (2021) constata que o percentual de instauração de inquéritos de roubos no estado de Minas Gerais, no ano de 2017, em relação às ocorrências registradas foi de 22,9%.

Gráfico 2 – Taxa de instauração de inquéritos de roubos – Minas Gerais, 1998-2005

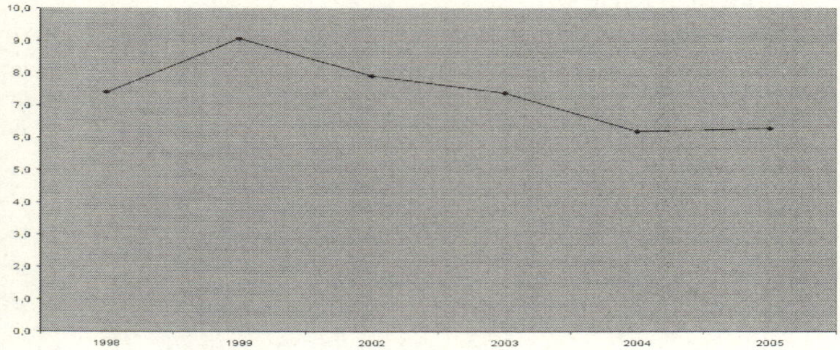

Fonte: Sapori, 2007.

No estado de São Paulo, levantamento realizado pelo Instituto Sou Paz no ano de 2016 também encontra patamares de investigação de roubos inferiores ao de homicídios. A despeito das variações por região, com destaque para números mais elevados no interior, a taxa média de instauração de inquéritos por roubos e roubos de veículos no estado ficou abaixo de 10%, conforme a Tabela 1.

Tabela 1 – Taxa de instauração de inquéritos policiais por roubos nas regiões do estado de São Paulo

	Roubos [outros]		Roubos de veículos	
	1º semestre 2015	1º semestre 2016	1º semestre 2015	1º semestre 2016
Capital	5,2%	5,2%	5,6%	5,8%
Grande São Paulo	6,9%	6,0%	7,8%	6,0%
Interior	15,5%	14,8%	9,9%	10,1%

Fonte: Sou da Paz, 2016.

Merece menção ainda outro levantamento realizado pelo Instituto Sou da Paz sobre investigação e esclarecimento de roubos e extorsões na cidade de São Paulo apresentado no 7° Encontro do Fórum Brasileiro de Segurança Pública, ocorrido em julho de 2013 na cidade de Cuiabá (MT). Conforme se constata no Gráfico 3, a discrepância entre inquéritos instaurados e relatados com autoria em relação às ocorrências oficialmente registradas é assustadora. No triênio estudado, apenas 6% das ocorrências de roubos e extorsões resultaram na instauração de inquéritos para iniciar a investigação. Pior ainda: a taxa de esclarecimento desses crimes, com identificação da autoria, ficou no patamar de insignificantes 4%.

Gráfico 3 – Fluxo da investigação de roubos e extorsões a partir de boletins de ocorrências registradas, cidade de São Paulo, 2009-2011

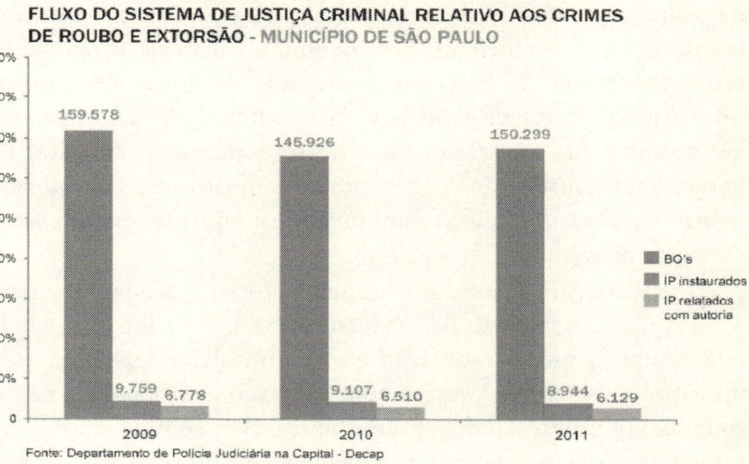

Fonte: Sou da Paz, 2013.

Em suma, os dados disponíveis permitem a constatação de que a capacidade investigativa das polícias civis no crime de roubo é ainda menor do que no crime de homicídio. Obviamente não podemos generalizar tal afirmativa para as demais polícias civis do país. Além disso, não dispomos de dados mais atualizados sobre o fenômeno. Mas é muito relevante constatar que, em dois dos mais importantes estados brasileiros, suas respectivas polícias civis manifestam baixa capacidade de investigação de roubos, crime dos mais graves e que gera enorme sentimento de insegurança na população. Para efeito comparativo, nos Estados Unidos a taxa média de esclarecimento de roubos entre 2011 e 2018 ficou no patamar de 25% (Avdija; Akgui, 2021).

A importância dos flagrantes na investigação criminal

Outro indicador da baixa eficácia da investigação criminal no Brasil diz respeito à expressiva influência dos flagrantes realizados pelas polícias militares na instauração dos inquéritos policiais. A princípio isso não é problema, considerando que a eventual detenção pela polícia de indivíduo(s) identificado(s) como autor(es) de crime logo após o registro formal do fato constitui procedimento normal e suficiente para definir o início da investigação criminal. Através do flagrante, a atividade de coleta de dados e informações acerca da autoria e materialidade do ato delituoso são prontamente facilitadas, evitando-se dispêndio indesejável de tempo na sistematização desse conteúdo probatório. Essa realidade ocorre nas diversas polícias mundo afora, conforme revelam estudos internacionais.

Contudo, quando o flagrante se torna determinante para a investigação criminal, fica evidente que o trabalho da polícia está demasiadamente rotinizado e excessivamente dependente de informações e dados previamente coletados pelo policiamento ostensivo. A nobre atividade de empreender esforços cognitivos e técnicos para obtenção de evidências que possam sustentar o processamento de suspeito de crime cometido acaba se revelando muito mais a exceção do que a regra do cotidiano nas delegacias de polícia. Pode-se afirmar, em outras palavras, que as polícias militares pautam em boa medida a produtividade das polícias civis no Brasil.

Estudos científicos consistentes sobre esse fenômeno têm sido produzidos nos últimos anos no Brasil. Costa e Oliveira Júnior

(2016), por exemplo, levantaram dados a partir das informações dos processos transitados em julgado e arquivados (autos findos) de varas criminais localizadas em nove unidades da federação: Distrito Federal, Espírito Santo, Minas Gerais, Pará, Paraná, Pernambuco, Rio Grande do Sul, Rio de Janeiro e São Paulo. O objetivo central da pesquisa foi coletar informações relevantes sobre os registros de processamento dos feitos criminais nos autos processuais, os quais reúnem dados relativos às fases policial e judicial, refletindo, em certa medida, todo o ciclo do sistema de segurança pública e justiça criminal. Para construir as amostras de processos sobre as quais seriam coletadas as informações, foram utilizadas as listas de autos findos arquivados no ano de 2011 em cada uma das unidades da federação que fazem parte do estudo. No total, foram selecionados 2.344 processos. Uma das principais conclusões da pesquisa foi que são raros os processos criminais que resultaram de trabalhos e investigação criminal. Na maior parte dos casos denunciados, não houve efetivamente trabalho de investigação criminal, pois os acusados foram presos em flagrante (53,7%) ou já estavam presos por outros crimes (6,3%).

O estudo realizado por Ribeiro e Lima (2020) corrobora essa constatação. A partir do acesso à documentação disponível no Tribunal do Júri em Belo Horizonte, as autoras construíram uma base de dados com informações relativas a casos encerrados de homicídios entre os anos de 2003 e 2013. O objetivo foi identificar quais variáveis melhor explicam a chance de elucidação desse crime na capital mineira, controlando pelo tempo de duração da investigação policial. Quanto aos atributos do incidente, verificou-se que os casos em que há menções ao tráfico de drogas como causa da morte, que ocorreram de madrugada e com uso de arma de fogo, apresentam as menores chances de elucidação. Essas são as violências para as quais a polícia não consegue apontar um suspeito que possa ser denunciado, o que contribui para que elas sejam represadas na fase policial. Entretanto, em termos de elementos investigativos, os casos elucidados diferem quanto à presença de testemunhas presenciais e à ocorrência de prisão em flagrante. As autoras concluem que

> Os resultados do modelo de regressão reforçam o entendimento de que apenas casos com um conjunto probatório mínimo têm chances de superar o maior gargalo de todos, qual seja, a fase de investigação policial. Se a ação do policial ocorre logo após o delito, ele tem chances de identificar testemunhas e prender o responsável imediatamente, fazendo com que o perpetrador da morte possa ser responsabilizado por meio do processo penal (Ribeiro; Lima, 2020, p. 93).

Em outro importante estudo focado em Belo Horizonte, Ribeiro, Rocha e Couto (2017) constataram que praticamente dois terços (63,1%) dos inquéritos por tráfico de drogas foram abertos por flagrante, no período de 2008 a 2015.

Essa evidência reforça a perspectiva de que a investigação policial no Brasil é excessivamente centrada em testemunhos. A utilização de provas subjetivas não constitui um problema, desde que consideremos sua importância na delimitação da autoria e materialidade dos crimes. Contudo, estudos diversos no Brasil comprovam que as testemunhas são preferidas às perícias, dada a maior facilidade de coleta e tradução de depoimentos para a linguagem do inquérito, em comparação com a realização de procedimentos mais técnicos. Em vez de a polícia centrar seus esforços em identificar testemunhas do fato, boa parte da investigação é destinada a ouvir as testemunhas de caráter, que irão dizer sobre a personalidade dos envolvidos (Ribeiro; Lima, 2020 *apud* Misse, 2011; Platero; Vargas, 2017).

Escassez de recursos humanos e materiais

Os fatores explicativos da baixa capacidade investigativa das polícias civis no Brasil são muito diversos. Serão detalhados nas páginas seguintes fatores que dizem respeito à gestão organizacional em termos de recursos humanos e materiais. No próximo capítulo abordaremos fatores relacionados à estrutura e à cultura organizacionais bem como à institucionalidade do inquérito policial.

A defasagem no contingente de policiais disponíveis nas polícias civis é fato notório e relevante nas últimas décadas. Conforme se constata na Tabela 2, com dados disponibilizados por oito unidades da federação na segunda metade da década passada, o déficit de policiais era bastante generalizado. Oscilava entre 21% no estado de São Paulo, passando por 46% no Distrito Federal, alcançando preocupante patamar de 63% em Rondônia.

Tabela 2 – Efetivos fixados e existentes nas polícias civis

Estados	Efetivo fixado em dezembro 2016	Efetivo existente em dezembro 2016	Déficit
Distrito Federal	8.969	4.876	46%
Goiás	5.892	4.316	27%
Mato Grosso do Sul	4.125	2.340	54%
Pará	6.323	2.913	54%
Paraná	7.305	4.281	42%
Rio Grande do Sul	9.744	4.926	49%
Rondônia	6.080	2.285	63%
Santa Catarina	5.927	2.894	51%
São Paulo	39.475	31.315	21%

Fonte: Anuário Brasileiro de Segurança Pública, 2017.

Pesquisa mais recente realizada pelo Fórum Brasileiro de Segurança Pública (FBSP) confirma essa defasagem do contingente das polícias civis. Houve redução do efetivo das polícias civis e técnico-científica no Brasil entre 2013 e 2023. No início da década passada, esse efetivo era de 116.169 profissionais das duas corporações em todo o país, número que caiu para 113.899 em 2023, redução de 2%. As unidades da federação que tiveram reduções mais preocupantes foram Rondônia (30,6%) e Rio de Janeiro (25,3%) (Fórum Brasileiro de Segurança Pública, 2024).

No que diz respeito à relação efetivo previsto/efetivo existente, a defasagem constatada na década passada permanece no estudo mais recente do FBSP, conforme a Tabela 3. O contingente existente em 2023 era de 95.908 policiais, ao passo que o contingente previsto era de 152.769 policiais. Somente 62,8% das vagas previstas estão efetivamente ocupadas. Os estados com as situações mais preocupantes são Alagoas (39%), Bahia (48,9%), Goiás (46,9%), Paraíba (23,8%), Pernambuco (46,6%), Piauí (48,5%), Rio de Janeiro (40,2%) e Rio Grande do Norte (30,3%).

Tabela 3 – Efetivo previsto e efetivo existente das polícias civis – Brasil e unidades da federação, 2022 e 2023

Brasil e unidades da federação	Efetivo previsto 2022	Efetivo existente 2023	Relação entre efetivo existente e previsto (em %)
Brasil	**152.769**	**95.908**	**62,8**
Acre	1.750	893	51,0
Alagoas	4.645	1.810	39,0
Amapá	1.021	1.010	98,9
Amazonas	3.515	1.867	53,1
Bahia	8.933	4.370	48,9
Ceará	4.859	4.149	85,4
Distrito Federal	-	3.440	-
Espírito Santo	3.063	1.867	61,0
Goiás	6.144	2.884	46,9
Maranhão	2.450	1.782	72,7
Mato Grosso	5.600	2.887	51,6

Brasil e unidades da federação	Efetivo previsto 2022	Efetivo existente 2023	Relação entre efetivo existente e previsto (em %)
Mato Grosso do Sul	2.970	1.971	66,4
Minas Gerais	16.178	8.957	55,4
Pará	5.150	3.476	67,5
Paraíba	6.900	1.640	23,8
Paraná	6.805	3.716	54,6
Pernambuco	10.000	4.663	46,6
Piauí	3.340	1.621	48,5
Rio de Janeiro	16.671	6.694	40,2
Rio Grande do Norte	5.150	1.561	30,3
Rio Grande do Sul	-	5.711	-
Rondônia	-	1.332	-
Roraima	1.340	673	50,2
Santa Catarina	5.839	3.408	58,4
São Paulo	27.170	21.089	77,6
Sergipe	1.529	1.308	85,5
Tocantins	1.747	1.129	64,6

Fonte: Fórum Brasileiro de Segurança Pública, 2024.

Não há como ignorar o fato de que tal escassez de policiais civis afeta diretamente a capacidade investigativa da instituição. O crescimento da incidência da criminalidade violenta no país em décadas recentes acaba por acentuar a sobrecarga de trabalho sobre delegados, investigadores, escrivães, peritos, médicos-legistas e demais profissionais da área. Quanto mais crimes registrados, maior o número de inquéritos instaurados. A consequência é o acúmulo de inquéritos sem o devido desfecho nas prateleiras das unidades policiais devido à absoluta impossibilidade de o contingente disponível dar conta do acervo.

Essa evidência tem sido salientada em alguns estudos científicos realizados no Brasil. Sapori e Moara (2019), por exemplo, pesquisaram o fluxo do sistema de justiça criminal para os crimes de homicídios dolosos tentados e consumados em município com população inferior a 100 mil habitantes localizado na Região Metropolitana de Belo Horizonte (RMBH). Foram realizadas entrevistas semiestruturadas com representantes das instituições, analisaram-se dados de criminalidade, além da reconstituição do fluxo de processamento dos crimes de homicídios dolosos registrados pelas polícias entre 2010 e 2015. Foi possível identificar que a prisão em flagrante realizada pelas polícias garante o ritmo de produtividade do sistema, na localidade estudada. Esse elemento dita o ritmo de produtividade das instituições. Nesses casos há uma redução expressiva do tempo para o encerramento dos inquéritos e processos, já que o flagrante simplifica e reduz os procedimentos das instituições. A coleta de provas diminui os limites dos prazos legais devido à prioridade para julgamento do réu preso no sistema de justiça criminal. Diante da baixa capacidade investigativa, os casos que avançam no fluxo de processamento são aqueles que dependem de poucos investimentos na investigação, que resultam das prisões em flagrante e se baseiam, principalmente, em provas testemunhais. Tais elementos garantem um padrão mínimo de produtividade desse sistema. A escassez de recursos humanos foi identificada no estudo como fator decisivo da produtividade informalmente instituída.

Evidência similar foi obtida por estudo conduzido pelo Fórum Brasileiro de Segurança Pública a partir de demanda do Ministério da Justiça, e sob a coordenação de Renato Sérgio de Lima e Arthur Trindade Costa (Ministério da Justiça; Fórum Brasileiro de Segurança Pública, 2013). A pesquisa abrangeu seis estados (Santa Catarina, São Paulo, Distrito Federal, Goiás, Alagoas e Pará) e foi realizada em três etapas distintas, tendo como principal objetivo compreender quais são os obstáculos encontrados pelas polícias civis no esclarecimento de homicídios. Numa primeira etapa, foram levantadas algumas estatísticas sobre o desempenho das polícias no Brasil e em outros países. A segunda etapa da pesquisa consistiu na realização de entrevistas semiestruturadas sobre os limites e obstáculos à investigação dos homicídios. Para isso, entrevistaram lideranças policiais (delegados, agentes e peritos) consideradas como referência no tema no âmbito da Polícia Civil do Distrito Federal. Na última etapa, foi aplicada a técnica do grupo focal com grupos de delegados, agentes e peritos envolvidos com a investigação de homicídios nas cidades de Florianópolis, São Paulo, Goiânia, Luziânia, Maceió e Belém. Ao todo foram realizados 18 grupos focais.

Os pesquisadores concluem que a estrutura das polícias civis destinada a investigar os homicídios é bastante precária. Faltam efetivos e equipamentos. Os poucos efetivos policiais existentes concentram-se, na maior parte, em atividades administrativas e cartorárias. Somente os casos excepcionais são investigados. Constataram que a maior parte dos homicídios relatados à polícia não são investigados. A maior parte das regiões com maior ocorrência de mortes violentas não conta com delegacias especializadas em investigar homicídios. O trabalho de investigação é feito por Delegacias Generalistas, encarregadas de elucidar vários tipos de crimes. Normalmente, essas delegacias contam com pequeno número de policiais e têm suas circunscrições delimitadas territorialmente.

> Nestas unidades policiais não há divisão clara de trabalho. Os investigadores são responsáveis pela execução de todas as tarefas ligadas à investigação, tais como interrogar suspeitos, entrevistar pessoas, examinar a cena do crime, preencher relatórios, solicitar exames periciais e encaminhar requerimentos.
>
> Além disso, os policiais que trabalham nessas delegacias não seguem necessariamente uma ordem de casos a serem investigados. Frequentemente, os investigadores

> desenvolvem atividades relacionadas a vários casos simultaneamente. Os inquéritos instaurados se acumulam, gerando cobranças judiciais, o que agrava ainda mais a falta de pessoal para investigar os homicídios. Esta estrutura precária faz com que as investigações demorem muito para se iniciar. São raros os casos em que rapidamente são iniciados os trabalhos de investigação. Quando isso ocorre, o homicídio tende a ser elucidado (Ministério da Justiça; Fórum Brasileiro de Segurança Pública, 2013, p. 32).

Nesse mesmo estudo é constatada ainda a estrutura precária da perícia no Brasil. Faltam efetivos e recursos materiais. Nas regiões mais violentas, a situação é ainda pior, de modo que a perícia do local do crime é feita de forma precária, pois o número de peritos é insuficiente para atender a todas as ocorrências, fazendo com que os trabalhos sejam feitos de forma simples e apressada. Os exames laboratoriais são raros, dada a estrutura deficiente de laboratórios de criminalística. Nessas regiões, não há divisão de trabalho entre os peritos que se encarregam de examinar a cena de vários tipos de crimes: patrimoniais, trânsito e homicídios.

Um diagnóstico mais detalhado da perícia forense no Brasil foi apresentado por Kahn (2014). Faltam equipamentos, insumos e instalações apropriadas para as atividades-fim e meio e, quando existem, são subutilizados. Em apenas 18,5% das unidades de criminalística detectou-se 100% de existência de material adequado para guardar evidências.

> Os sistemas informatizados são escassos em muitas áreas, sendo mais raros ainda o controle de qualidade dos laudos e o uso de indicadores de produtividade e avaliações de eficiência e eficácia. Assim, por exemplo, apenas 7% das unidades de criminalística e 19% das unidades de medicina legal relataram a existência de sistemas de custódia de vestígios, somente 26% das unidades de criminalística mencionaram a existência de sistema de informatização do laudo e apenas 4% das unidades de criminalística apontaram a existência de sistema para controle de insumos de laboratório (Kahn, 2013, p. 209).

Além disso, os recursos humanos e materiais mais sofisticados tendem a se concentrar nos grandes centros, onde também se concentra a demanda, enquanto o interior carece de atendimento básico. Isso faz com que os casos criminais recebam, muitas vezes, tratamento desigual por parte do poder público.

Os aspectos abordados até aqui são reveladores de uma realidade pautada pela escassez no cotidiano das polícias civis brasileiras. Obviamente há variações regionais na conformação do fenômeno, porém, dispomos de evidências suficientes para afirmar sua relativa generalidade. Assim, o maior investimento de recursos públicos na instituição somado ao aprimoramento da competência administrativa para distribuí-los seriam soluções viáveis para a superação do gargalo da investigação criminal na sociedade brasileira.

Entretanto, esse é apenas o ponto de partida. É preciso reconhecer que outros fatores são também responsáveis pela baixa capacidade investigativa das polícias civis. São aspectos mais complexos, pois dizem respeito a dimensões estruturais e culturais que conformam o fazer policial. Eis o tema do próximo capítulo.

CAPÍTULO 2

PROBLEMAS DA ESTRUTURA ORGANIZACIONAL E DO FAZER POLICIAL

Não é possível afirmar que exista um padrão de organização nas polícias civis brasileiras. Em cada unidade da federação há consideráveis variações no que se refere à institucionalidade desses órgãos. Das configurações sobre suas direções gerais à nomenclatura de unidades, cargos e procedimentos operativos, há uma gama considerável de peculiaridades que, a pretexto de conformação às realidades regionais, traduzem a fragilidade doutrinária e técnico-procedimental diante da busca de uma identidade nacional publicamente reconhecida. As polícias civis são pouco compreendidas pelos governos, pela população e mesmo por seus integrantes. Elas se prendem aos mantras descritivos do mundo jurídico, agarrando-se aos dogmas de sua competência nuclear: o exercício da Polícia Judiciária e a apuração de infrações penais. Essas competências são assim descritas, literalmente, no universo jurídico formal. Numa perspectiva meta-jurídica, poderíamos nos referir a tal exercício como investigação criminal e funções dela decorrentes, geralmente nas ações resultantes da articulação dinâmica com o sistema de justiça no curso das marchas apuratórias.

A ausência dessa uniformidade política e operativa pode ser explicada pela dificuldade que encontram para assumir desafios de modernização estrutural, num horizonte de reorganização de seus modelos funcionais. As polícias civis não praticam autocrítica sobre seus processos de trabalho, sua estrutura organizacional e sua concepção de carreiras profissionais. Esse desafio é de tal gravidade que, não raro, sequer é identificado como um problema. Na verdade, o problema acaba percebido somente nos lugares comuns da falta de recursos financeiros, reduzido efetivo de pessoal ou déficit de equipamentos. Obviamente, esses fatores existem e são, no geral, comuns a todas as organizações do poder público. Portanto, é preciso reconhecer que devem ser vistos na condição de generalidades que, sem cuidados analíticos, podem ocultar problemas de fundo decorrentes do anacronismo e da inércia autocrítica das instituições policiais civis.

Os processos de trabalho são desenhados em razão das velhas estruturas da política interna, do modelo organizacional antiquado, dos cargos e carreiras concebidos na lógica cartorial e clientelista. Os processos de trabalho justificam a existência das velhas estruturas organizacionais e de carreiras, o que perpetua domínios hegemônicos do poder interno, sujeitando a instituição ao sectarismo político de todas as naturezas, inclusive entre os pares de profissão.

A clássica divisão do trabalho na investigação criminal (presidência do inquérito, no caso de delegados; cumprimento de diligências policiais, no caso de investigadores; condução da burocracia cartorária, no caso de escrivães; exames e análises em vestígios, no caso de peritos; e assim por diante) é ponto decisivo em qualquer esforço que pretenda descortinar contradições e problemas de obsolescência.

No plano das estruturas organizacionais, a questão central está na separação naturalizada entre as áreas de *ação operativa* e de *informação*. O abismo existente entre essas dimensões vai da localização física de unidades até a orientação estratégica dos respectivos objetivos. Há entraves e desconfianças mútuas para o compartilhamento de informações entre as áreas, prejudicando uma visão sistêmica de um novo modelo de investigação policial.

Esses são alguns dos aspectos que conformam os entraves num possível movimento de reforma das polícias civis. Uma reforma que contemple estruturas, carreiras, modelagem técnica da investigação e novos meios de escrituração do ato investigativo, isto é, novo modelo para o inquérito policial. Seguem alguns pontos críticos da estrutura organizacional e do fazer policial.

Vulnerabilidade ao clientelismo político

As polícias civis brasileiras caracterizam-se, de modo geral, pela excessiva vulnerabilidade às injunções político-partidárias, padecendo de grande permeabilidade ao sectarismo dos grupos que compõem bases governamentais. A política, por óbvio, é um campo de tensão entre interesses diversos, mas a democracia delimitou o exercício desse confronto, prescrevendo a adoção de limites, sobretudo os de índole técnica, no uso dos recursos públicos. No caso, a legislação não delimita adequadamente o estruturante instituto da subordinação das polícias civis aos governos e isso dá margem a manipulações antirrepublicanas. Por outro lado, essa condição provoca a baixa compreensão dos governantes, das elites políticas e empresariais e da própria sociedade civil, que tendem a representar as polícias de investigações como aparato meramente repressivo, numa dimensão ideológica reducionista, praticamente fundada na ideia de esforço físico, negligenciando as perspectivas de incrementá-las como agência de garantia de direitos, numa torção lógica que significaria grande avanço na qualidade dos atributos da democracia brasileira.

As altas administrações policiais acabam por se conformar como agentes de governo, negligenciando a função de adensar a polícia civil como organização de Estado. As instâncias "paralelas" do poder interno competem pelo prestígio perante lideranças políticas, e por esse motivo desmotivam a constituição e incremento de um *ethos* característico de impessoalidade e afirmação política-institucional.

As polícias civis ficam excessivamente expostas ao clientelismo e à descontinuidade administrativa. Interesses regionais, formados pelos grupos políticos ligados aos governos, acabam prevalecendo sobre eventuais planejamentos baseados nas evidências de uma economia do aparato organizacional. Assim, as prioridades de itens de infraestrutura, como edifícios das delegacias, aperfeiçoamento de laboratórios, incremento de dispositivos da tecnologia da informação, destinação de veículos automotores, alocação de recursos humanos, dentre outros, não raro são vencidas por exigências do fisiologismo político tramado em bastidores. Não se trata de negar o legítimo exercício dos influxos parlamentares e suas bases de representação. Esses podem e devem ocorrer, mas numa arena pública onde se possam ponderar os valores políticos/instrumentais em jogo. O parlamento estadual é, por óbvio, o espaço para tanto. Cuida-se, assim, de dar transparência e ampla publicidade ao planejamento da própria polícia que, por definição, deverá justificar suas ações incrementais na linha do tempo. Essas prioridades devem ser baseadas em evidências de perfil econométrico, sustentadas por dados sobre a ocorrência e o grau de afetação psicossocial que a criminalidade provoca no território. Uma sessão anual específica, nas assembleias legislativas, deve ser estimulada na fase de discussão do orçamento do respectivo estado.

A relação hierárquica com os governos é uma condição essencial para o controle democrático sobre as organizações de manutenção da ordem e, neste sentido, é absolutamente essencial que ocorra. Porém, a própria realidade do instante político vivido no Brasil indica que o aparelhamento e instrumentalização das organizações policiais constitui, a contrário senso, um problema sobre o ideal das práticas democráticas.

É perceptível a perda da força político-administrativa na cisão entre o processo decisório e a gestão ordinária (sobre esta mesma decisão), que se dilui em excessivas instâncias de poder (macro e micropoderes) no seio dos construtos organizacionais (diretorias, assessorias, superintendências e equivalentes). Nessa perspectiva, as polícias civis ficam numa sombra de influências, externas e internas, nada republicanas.

No plano técnico, observa-se nebulosidade de fronteira com a área de execução financeira, orçamentária e logística, que termina sujeita a prioridades das "gestões de ocasião". São exemplos disso, entre outros: a instalação de unidades especializadas em localidades que não representam demandas prioritárias em razão das estatísticas criminais (em detrimento de outras que a justificariam fortemente); a alocação de recursos humanos, logísticos e financeiros para setores não estratégicos em razão da força político-institucional local/regional; a realocação funcional de servidores em razão de eventual contraposição a lideranças locais/regionais. Tudo se cerca de forte burocracia, o que deixa campo aberto para exercício de poderes paralelos. A falta de transparência atinge tanto o público interno quanto o público externo. Percebe-se ainda um desenho inadequado (considerando a lógica organizacional) das áreas da alta administração em relação ao próprio dirigente máximo e à concepção de direção superior em geral.

Polícias dentro da polícia

As polícias civis têm modelos organizacionais anacrônicos. Há um excesso de unidades administrativas e operacionais que provocam improdutivos gastos públicos, tanto do ponto de vista quantitativo quanto qualitativo. Isso também gera cisão no processo decisório e na cultura interna, afetando seriamente a coesão do grupo de profissionais que as integram. Alguns estudiosos usam a metáfora dos "feudos" ou "pirâmides paralelas" para caracterizar esses excessos.

> À rígida determinação burocrática da "polícia de carreira", a realidade prática da "micropolítica" organizacional opõe a "carreira de polícia" – a mobilidade ocupacional através de investimentos políticos bem sucedidos –, que implica

> o respeito a algumas regras básicas como condição para o desenvolvimento da carreira: o policial não deve aparecer demais, principalmente na imprensa; deve sempre explicitar a participação de superiores hierárquicos em seus atos profissionais e, o que é fundamental, não deve ter "bronca" na corregedoria.
> Personalismo, vitaliciedade e controle político de chances de promoção na carreira configuram uma nova imagem estrutural de características quase feudais, cuja unidade é constituída pelo que um dos entrevistados chamou de "pirâmides paralelas" ou "micro grupos" liderados por delegados gerais que barganham e competem por vantagens pessoais na alocação e promoção de pessoal. Portanto, para os delegados gerais, a participação no Conselho Superior de Polícia Civil torna-se uma condição crucial para o exercício de poder na organização (Paixão, 1982, p. 70).

Na linguagem interna, diz-se das "polícias dentro da polícia", numa expressão depreciativa sobre a proliferação de unidades policiais civis, com símbolos próprios, subcultura enraizada e exercício de poder nem sempre alinhados com os princípios e fundamentos institucionais. Antônio Luiz Paixão, considerado um dos pioneiros mais expressivos no estudo acadêmico das polícias brasileiras, em estudo realizado na década de 1980, destaca os efeitos perversos desse fenômeno.

> Daí o caráter peculiar do conflito na organização policial: embora alguns entrevistados tenham sugerido uma linha ideológica de clivagem, separando "policiais que têm o direito à frente da atividade policial", para a maioria deles o conflito na polícia se trava entre "pirâmides paralelas", competindo por vantagens relativas para o grupo. Mas sendo um conflito interpares, suas regras são bastante claras – o dissenso interno não afeta a coesão da categoria frente a pressões externas: "Briga de delegado é igual briga de marido e mulher. Se alguém de fora entra, eles fazem as pazes e se unem contra o cara". Por outro lado, o resultado das "guerras internas" é a marginalização política das "pirâmides paralelas" derrotadas: o grupo dominante

> comanda, mas "não pisa na moela do adversário", que espera "no corredor" as alterações na composição dos postos centrais para a volta ao poder (Paixão, 1982, p. 70).

As pirâmides paralelas ganharam novos contornos incidentais desde a década de 1980, embora se mantenham como forte característica das polícias civis. O fenômeno segue presente, por exemplo, no excesso de unidades especializadas. Isso provoca a fragmentação das informações sobre o crime no tempo e no espaço, refletindo negativamente nos interiores da organização policial. Por isso, a investigação perde a sua energia totalizante, a ser realizada conforme planos estratégicos de maior eficácia. A investigação não é "propriedade" da unidade X ou Y, mas sim da polícia como um todo. A Polícia Civil sofre importantes fraturas, dispersando seus ideais de uma unidade institucional baseada na linearidade da cultura oficial, dos processos de trabalho homologados tecnicamente e da centralidade de sua atividade-fim.

Metaforicamente, ocorre uma espécie de "feudalização" a partir das cúpulas policiais civis, cujas subunidades funcionam como mundos relativamente independentes, incrementando a formação de linhagens caracterizadoras de uma insidiosa quebra da coesão, com fenômenos de fragmentação e personificação do poder. São os famosos grupos internos. Tudo isso provoca indefinição e indecisão na dinâmica da produção e execução do planejamento, gerando confusão entre o planejar as grandes questões institucionais e a execução instrumental desse planejamento.

As subculturas policiais civis prosperam na ausência de formulações doutrinárias, culturais e de saber científico. A consequência disso são as pautas laterais, externas, sabotagens, manipulações, narrativas idiossincráticas e outros mecanismos que caracterizam uma fragmentação identitária de muita importância. Esse é o espaço para a progressão da lógica da "polícia dentro de polícia", que perturba gravemente os ideais de concerto entre pares, por falta de compreensão adequada da divisão de tarefas, funções e poderes, transformando tudo numa arena de disputas corporativas.

Investigação pautada pelo "faro policial"

A fragmentação das unidades organizacionais tem especificidades também na área operacional finalística. Ela revela a inexistência de gestão procedimental, de corte técnico-científico, sobre a atividade-fim. Não há uma visão integradora, permanecendo a forte tradição das culturas jurídicas, que liga as delegacias a uma determinada jurisdição, exercida em comarcas com critérios territoriais e, eventualmente, varas especializadas.

Não se trata de negar esse imperativo jurídico formal. No entanto, é preciso ter em mente que as polícias civis não atuam propriamente sob o conceito de jurisdição. Embora se subordinem a ele no que diz respeito às investigações específicas, as polícias civis operam com base em circunscrições, ou seja, por um critério administrativo. Não há, portanto, a figura jurídica do "delegado de polícia natural" ou, se assim pudermos dizer, da delegacia natural de polícia". O critério administrativo da circunscrição pode ser superado sem prejuízos formais ao processo criminal em juízo. Sendo assim, é necessário agir de acordo com a realidade multifacetada do fenômeno criminal.

Por outro lado, a orientação das atividades finalísticas requer uma mudança paradigmática no modelo de apuração das infrações penais. A investigação criminal, de fato, depende da intuição do investigador e, em certa medida, de sua experiência profissional. No entanto, o método científico, expresso em processos e rotinas de ordenação lógica, é um atributo que, em geral, não está presente nas tradições institucionais e culturais das polícias civis. Ele não aparece no senso comum de seus operadores, pois, entre outras razões, pode-se constatar a falta de uma enunciação oficial de uma "epistemologia do ato investigativo". Ainda hoje, a ideia de investigação é fortemente influenciada por concepções "mágicas", caracterizadas por uma ideologia que vê a investigação como uma guerra entre heróis e anti-heróis.

Isso não implica a negação de valores como coragem, abnegação e senso de dever, presentes na trajetória da maioria dos policiais. Também é justo que a sociedade reconheça a profissão policial e, até certo ponto, lhe conceda uma deferência especial. Porém, é intelectualmente honesto admitir que a profissão investigativa também deve ser orientada pelo conhecimento formal, derivado de múltiplas disciplinas dentro da teoria do conhecimento. Disciplinas como lógica, linguística, gestão da informação, engenharia de produção, métodos de pesquisa, indexação, ontologia, etnografia, psicologia, sociologia do crime e antropologia cultural, entre muitas outras, são inevitavelmente campos aderentes ao procedimento investigativo em sentido amplo.

Atualmente, não existe uma teoria aplicada desses e outros saberes ao dever estatal de investigar o crime. As ciências sociais e humanas estão abertas a esse tipo de esforço, assim como as disciplinas das ciências naturais e exatas, como biologia, química e física, com suas inúmeras aplicações nas funções da investigação criminal. Isso se aplica não apenas à atividade pericial, mas a todo o encadeamento racional dos passos investigativos em campo e à respectiva formalização documental desse processo.

Esse histórico de inércia institucional se deve, portanto, à negligência no uso das técnicas de desenho de processos de trabalho ancorados na aludida epistemologia do ato investigativo. Essa inércia se assenta na má concepção e anacronismos, fetiche "mágico", sobre a ideia de inteligência e gestão de informações/conhecimentos. Constata-se um "divórcio metodológico" entre as dimensões da ação (ação de campo e escrituração de feitos investigatórios) e da informação (definição, seleção, classificação e organização das informações/conhecimentos sobre o que se faz e o que se vê na realidade sob investigação).

Deficiências na formação e treinamento

A inexistência de uma epistemologia do ato investigativo que incorpore as diversas disciplinas assentadas na teoria do conhecimento está relacionada, em grande medida, às deficiências na formação do policial civil. Estudos importantes realizados em décadas recentes evidenciam que a formação do policial civil no

Brasil tem se caracterizado pelo privilégio da técnica jurídica em detrimento da técnica investigativa. Procedimentos convencionais de investigação compõem os currículos de disciplinas aplicadas à atuação operacional, com a utilização de manuais que perduram há décadas sem as devidas atualizações (Poncioni, 2022).

É muito recorrente que o policial novato, recém-saído da academia, ao iniciar suas atividades na unidade policial para a qual foi designado, se deparar com outra referência de conhecimento: aquele que não foi ensinado nas salas de aula. Os novatos tendem a ouvir dos policiais veteranos, já socializados nas subculturas "da prática", que a partir daquele momento "devem esquecer tudo que aprenderam na academia", pois o fazer policial cotidiano segue normas e procedimentos não previstos nos manuais das escolas de polícia. Tal conhecimento informal está institucionalizado no fazer rotineiro das polícias civis brasileiras e se caracteriza em boa medida pela normalização de um saber prático que desvaloriza e desconfia dos poucos ensaios sobre procedimentos técnicos e cientificamente sustentados sobre o ato investigativo.

Tal saber prático, que os estudiosos das organizações denominam *street level bureaucrats subculture*, é claro obstáculo à modernização das técnicas de investigação criminal. O fenômeno é acentuado pela lacuna de programas de treinamento implementados pelas academias de polícia civil, com poucas exceções. As instituições policiais civis não têm sido capazes de oferecer um saber técnico lastreado numa gama de conhecimentos universais aplicados. Isto é campo fértil para a reiterada vigência de subculturas idiossincráticas.

Insulamento institucional

As disputas por espaço com a Polícia Militar são caracterizadas por forte passionalismo, num conflito sub-reptício que é muito distante de uma mesa de negociações em que as questões sejam tratadas racionalmente. Algo semelhante ocorre nas disputas de baixa coordenação com o Ministério Público. Essa organização é um *stakeholder* naturalmente contíguo, umbilicalmente ligado à investigação criminal, para a qual tem competências concorrentes. As polícias civis precisam de forte articulação ordenatória com os promotores e procuradores, para fins interinstitucionais. Isto é vital para a qualidade da investigação no Brasil.

Nessa linha, também é preciso dizer do pouco diálogo e protocolos cooperativos com o Judiciário. As investigações tombadas em instrumento próprio (aqui se vislumbra um inquérito policial remodelado, ágil e baseado no uso de técnicas baseadas em tecnologias da comunicação) ainda é uma realidade incipiente. Ainda que comecem a surgir soluções de interface no plano das tecnologias (inquéritos e processos tratados em plataformas da tecnologia da informação), falta um uma mesa permanente para acordos estruturantes sobre a qualidade de procedimentos e enlace interinstitucional com os tribunais.

Completando o ciclo das relações imediatas das polícias civis, há o problema similar acerca da articulação técnica com sistemas de custódia (secretarias do sistema prisional e polícias penais).

Finalmente, é preciso falar de um diálogo institucional fraco com atores do mercado e sociedade civil organizada. Por ser uma organização de Estado, e é bom enfatizar, do Estado Democrático de Direito, é essencial que as polícias civis criem canais de uma relação permanente e dinâmica com setores do mercado e da sociedade civil, estabelecendo um diálogo aberto, transparente, que busque enfrentar problemas, contradições e, claro, também as boas práticas. Essa disposição organizacional, contudo, tem sido muito mais a exceção do que a regra no âmbito das polícias civis brasileiras.

Polícia cartorial

A literatura especializada no campo de estudos sobre sistemas de segurança pública e justiça criminal registra farto material crítico sobre a investigação policial no Brasil. Há um ponto de considerável convergência nessa crítica que diz respeito à burocracia do procedimento investigativo. A crítica se baseia na ideia de que a investigação se condiciona muito pelas formalidades do inquérito policial, curvando-se a um modelo que mais se assemelha ao processo judicial.

A aludida tradição jurídica formalista provoca um excesso burocrático na relação entre as instâncias organizacionais, incrementando as subculturas de poderes sectários na estrutura organizacional. Prevalece, numa medida "quase inconsciente", um quadro de subjugo das polícias civis como cartórios do sistema de justiça, o que instaura uma dissimulada relação de controle dissolvido nas formalidades jurídicas dos despachos e ordenações de natureza similar.

A cultura jurídica prevalecente no Brasil moldou um processo penal caracterizado pela ambiguidade inquisitorial/acusatorial, com clara implicação na atuação da Polícia Civil. A doutrina jurídica constitucional brasileira, desde o Império, afirma sua adesão aos princípios acusatoriais. Entretanto, o processo penal acusatorial é precedido de uma fase investigativa de caráter inquisitorial. Como etapa administrativa, o inquérito não se sujeita ao contraditório e nem se obriga com a produção de provas que interessem à defesa. Reúne o estatuto da neutralidade da investigação policial com a potencial atribuição de formação da culpa, que é inerente ao poder de "indiciar" e de produzir provas por meio de depoimentos tomados em cartório, com vistas a demonstrar a autoria e a materialidade do crime (Kant de Lima, 1995). Contudo, algumas posições de doutrinadores do campo jurídico pós-Constituição de 1988 admitem que o instituto da ampla defesa, como direito fundamental, se projeta sobre o inquérito e o flexibiliza diante da característica inquisitorial que, nessa forma, teria perdido seu sentido essencial.

As consequências dessa ambiguidade da cultura jurídica brasileira na dinâmica do aparato da justiça criminal são variadas, conforme amplamente destacado por renomados estudiosos brasileiros. Entre elas está a conformação de uma Polícia Judiciária muito tradicional e cartorializada, sinalizando para um alto grau de ritualismo nas investigações criminais. Na prática, a atividade finalística da Polícia Civil acaba sendo a produção sistemática de relatórios e peças cartorárias (comunicações de campo, entrevistas, confissões, ordens de serviço). Há um excesso de documentação escrita, visando ao relatório final da investigação, cuja função deveria ser apenas preliminar e administrativa e cujo valor judicial dependerá de sua utilidade nas outras etapas do processo. Entretanto, as exigências cartorárias, a necessidade e tomadas de depoimentos transcritas e as regras de formalização escritas na comunicação entre delegados e seus subordinados, com o Ministério Público e com o Judiciário (portarias, autos, ofícios, memorandos, livros etc.), tomam excessivo tempo dos policiais civis (Misse, 2011). Zilli e Vargas (2013) destacam o mesmo aspecto, apontando o caráter cartorial do inquérito, que se sobrepõe ao dinamismo e tecnicidade das investigações – relegando à evidência testemunhal uma importância maior do que a chamada evidência técnica. Todas essas dimensões se agravam a partir da já mencionada posição subalterna da Polícia Civil na lógica da persecução criminal. Para Kant de Lima (1999), o lugar institucional que a polícia ocupa no sistema de justiça criminal brasileiro representaria o lugar de desqualificação sistemática de sua prática e da produção de suas verdades. Em contraponto a tal subalternidade da polícia civil, encontra-se a extrema elitização do Judiciário e mesmo do Ministério Público, organizações compostas por profissões eminentemente jurídicas e dedicadas às virtudes acusatoriais do processo penal. Em outros termos, às polícias civis estaria destinado o "trabalho sujo" da investigação criminal e às organizações judiciais o "trabalho limpo" do processamento criminal.

Esse aspecto ambíguo e contraditório da cultura jurídica que delineia o processo penal na sociedade brasileira também marcaria o lugar primordial do conflito das polícias civis com os demais atores do sistema de justiça criminal, o que fomenta, em boa medida, o isolamento social e institucional dessas organizações.

Inadequação da divisão interna do trabalho

As carreiras nas polícias civis refletem uma divisão do trabalho baseada em visões ancestrais, sem atualização de seus sentidos éticos e, particularmente, técnicos. Isso gera conflitos que perturbam a coesão do grupo. Representam uma compartimentação que orbita o modelo cartorial, o que corrói o potencial criativo das funções típicas da investigação criminal. Embora com mudanças na história recente, as polícias civis basicamente apresentam os seguintes cargos/carreiras: delegado de polícia, médico-legista e perito criminal, escrivão de polícia e agente de polícia. Em boa parte delas, perduraram e ainda perduram funções adjacentes de corte puramente instrumental que, não obstante, estão juridicamente classificadas como estritamente policiais, isto é, cargos com os direitos, deveres e prerrogativas próprias da profissão, basicamente caracterizadas pela autorização ou compulsoriedade no uso da força. São exemplos, dentre outras: policial rádio-operador, policial auxiliar de necrópsia, policial vistoriador de veículos, psicólogo policial, policial identificador ou papiloscopista, policial motorista.

O que se observa é uma casuística reativa, fortemente marcada pelo tipo de linha de produção do estilo fordista, definida conforme dinâmicas internas das polícias estaduais, boa parte sob influxos de interesses personalistas ou políticos de ocasião. É facilmente perceptível que não houve, propriamente dizendo, uma divisão de trabalho racionalizada conforme as caracterizações da atividade-fim e da atividade-meio, sendo que essas dimensões, na prática, acabam sendo dissolvidas em arranjos de conveniência, em que atividades estritamente investigativas e as estritamente administrativas se confundem em práticas fisiológicas.

Assim, as relações interpessoais internas ocultam um conflito que, na sua essência, revela a fragilidade do modelo hierárquico vigente. Não se trata de uma condenação aos modelos hierárquicos. Trata-se de pensá-los em função de resultados institucionais.

Os cargos policiais não traduzem uma aplicação racional dos saberes inerentes às diversas disciplinas das ciências sociais, humanas, exatas e naturais, ignorando que a investigação criminal é uma atividade aberta ao aporte de todos esses conteúdos. O emprego racional de funções administrativas é algo muito pouco explorado. Isso se deve à pressão dos tabus sobre funções naturalizadas pelas tradições. Exemplo capital é o escrivão de polícia, cargo sacrificado por um nexo laboral que remonta aos tempos do

Império. A investigação policial resiste às ideias de novos modelos de formalização documental, tanto quanto às mudanças dos trabalhos de campo. Mantém-se a lógica de ação de cunho individual-persecutório, pautada pelos formalismos do inquérito policial. Nesse caminho, os cargos, as funções e as atribuições no interior das polícias civis terminam oscilando entre o dogmatismo do espelhamento nas práticas jurídicas, o voluntarismo de valores cripto-militares e um certo descontrole administrativo.

Essa divisão do trabalho não acompanhou a ampliação do conhecimento científico e o exponencial crescimento da tecnologia. Não se observou o amplo horizonte da era da informação e sua afetação sobre os ambientes públicos e privados. A investigação comporta saberes das inúmeras disciplinas científicas existentes em plano universal. Portanto, há o imperativo de uma nova racionalidade sobre as atribuições dos cargos. Isso pede uma modelagem técnico-científica fundada na lógica da unidade investigativa e das atividades acessórias.

A realidade parece sugerir que o melhor caminho seja a concentração desses saberes, de forma aplicada, em número menor de cargos. Dito de outra forma: menos cargos com mais saberes e afazeres aplicados, sempre de modo a preservar a unidade da investigação. É preciso pensar com rigor sobre a segregação entre funções meramente instrumentais que podem ser exercidas por cargos em comissão de recrutamento amplo ou até por contratos de prestadores de serviços. Por questões imperativas dos gastos públicos e horizontes previdenciários, é necessário que os cargos policiais civis sejam fortalecidos pela unidade e generalidade de conhecimentos inerentes a eles. Criar mais cargos de natureza policial para funções de mera instrumentação (digitação, serviços de escrituração, tarefas de apoio sem cognição investigativa) é um contrassenso.

Cisão entre investigação e perícia

O início dos anos 1990 marcou um processo de mobilização dos peritos criminais. Eles iniciaram um movimento que está praticamente consolidado por todo o Brasil: a separação da atividade pericial em relação às polícias civis. Na essência, esse movimento revelou cisão baseada no modelo de subordinação aos delegados de polícia. O movimento cresceu e, como afirmado, provocou a chamada autonomização dos órgãos periciais. De certa forma, essa separação provoca um corte na própria noção de investigação, que é uma atividade abrangente sob a qual há, em tese, uma gama complexa de exercícios que se fundam no liame natural entre o comportamento investigado e os vestígios físicos desse mesmo comportamento. Nesse sentido, parece ser mais adequado que toda a investigação ocorra sob o mesmo método e, numa perspectiva econômica, pela mesma organização pública. Entretanto, por motivos até certo ponto justificáveis, os peritos criminais percorreram o caminho dessa autonomização que, como dito, se acha praticamente consolidada na esfera política, em nível nacional. Os arranjos institucionais dessa separação variam conforme cada estado federativo, enquanto aguardam o desfecho de uma Proposta de Emenda Constitucional, em curso, que venha consumar todo o processo.

Os discursos e a ação política sobre essa separação se fundam, entre outros argumentos, na ideia de defesa dos direitos humanos, afirmando que a vinculação às polícias civis importaria uma espécie de contaminação pelas inclinações "naturais" dos investigadores em violar a lei e os direitos. Essa é uma premissa que contraria a própria finalidade e princípios do poder público. De outro modo, infringe a presunção legal de que todo servidor público está compulsoriamente aderido aos princípios da impessoalidade, moralidade e legalidade, entre outros. Portanto, não são cabíveis argumentos em contrário, comumente forjados em perspectivas *ad hominem*. De alguma forma, isso enfraqueceu as polícias civis.

Sem desconsiderar o respeito pela orientação separatista, repita-se, fruto de um movimento legítimo, o problema da separação entre investigação e perícia não é trivial. A começar por um imperativo lógico. A noção naturalística de investigação sugere um esforço unívoco, que teoricamente se abre para a aplicação de todas as disciplinas do conhecimento universal. Enfim, a investigação criminal é, em tese, uma atividade orientada por uma energia racional conduzida pela lógica. Sendo assim, ela deve recrutar tantas quantas técnicas ou saberes existentes no leque epistemológico. Incidindo sobre um comportamento humano que, na maioria das vezes, provoca repercussão no mundo físico, é de se concluir que tal esforço se caracterize pelo encaixe de conclusões intermediárias obtidas durante os passos apuratórios, mediante ativação e articulação de técnicas das ciências sociais, humanas, exatas e naturais.

Um olhar hermenêutico indica a conclusão de que toda a investigação tem este caráter, ou seja, precisa ocorrer pela concatenação racional das evidências imateriais e materiais do ato a se apurar. O próprio Direito Processual Penal, fonte instrumental do exercício da competência constitucional da Polícia Civil, sugere que a investigação é um ato homogêneo que se perfaz pela articulação naturalmente estável de um comportamento e sua repercussão no mundo físico. Em se falando de crime, não há alteração do mundo físico na inexistência de uma ação humana que lhe dê causa. Assim, a ação de investigar um crime só tem sentido jurídico e científico se descrever o nexo entre uma e outra dimensão. E esse nexo se obtém adequada e eficientemente se, na ação efetiva, de campo, houver um diálogo técnico entre especialistas de uma única equipe, no caso, a equipe policial civil, que busca uma descrição factual verossímil por intermédio da confrontação imediata e viva de questões espontaneamente construídas pela dialética do perguntar e responder, praticada sobre a rota das evidências subjetivas e objetivas do cogitado comportamento.

Objetivamente, a lei definiu que fosse um bacharel em direito o profissional incumbido de presidir o ato científico de investigar, de modo que ele, sob as balizas da lei, fosse capaz de conter possíveis inclinações para o arbítrio, no contexto daquilo que a exposição de motivos do Código de Processo Penal chamou de "trepidação moral dos fatos", referindo-se à gama nervosa de sentimentos individuais e coletivos que circunscrevem, no mais das vezes, o momento histórico do crime. É de se reconhecer que esses pressupostos de garantia não são exclusivos do bacharel em direito e estão no compromisso de todos os demais cargos policiais. Também é de se admitir que o conhecimento jurídico não seja suficiente para a condução da investigação, motivo pelo qual se pressupõe a formação adicional própria pelas escolas de polícia. De todo modo, é razoável aceitar que o conhecimento jurídico é uma boa condição para a direção das investigações, desde que não seja tomado como saber totalizante no contexto da investigação policial.

Aparentemente, a separação constitui fratura na estrutura espontânea da polícia de investigações, porque subtrai desta uma das atividades típicas do mecanismo jurídico-científico-investigatório, ou seja, a abordagem sobre corpos físicos repercutidos de cada comportamento criminalmente relevante. Tudo isso parece indicar a inconveniência de uma cisão instrumental de um ato que, praticado por órgão permanente do Estado (a Polícia Civil), deve ser tecido sob metodologia que tenha eficiência e eficácia em si, e não em uma extensa e desconexa gama de órgãos sujeitos aos humores de autonomias de índole político-administrativa-financeira.

O argumento separatista ecoa, entre muitos setores policiais civis, como ofensivo e contraditório, porque coloca em estado de descrédito os cargos de delegado de polícia e demais *experts* da investigação, os escrivães de polícia e os agentes de polícia. Esse traço de desaprovação parece tirar proveito de reputações formadas nos períodos históricos em que regimes políticos autoritários usaram instituições do Estado, especialmente partes das organizações de polícia, para arbítrios supressores dos direitos humanos.

Criar uma chamada polícia técnico-científica é, ainda que não dito explicitamente, camuflar a fundação de outra polícia de investigações e criar campo para uma ruptura no alinhamento técnico de atos investigativos absolutamente conexos, ou seja, estabelecer um clima de competição desfavorável que pode dar ocasião para uma impertinente disputa de hegemonia no campo das políticas de Estado.

A chamada prova subjetiva, que contém a descrição do comportamento do criminalmente relevante (e suas motivações, estratégias, mobilizações etc.), é, a bem da realidade, o núcleo da investigação. A prova material é, assim sendo, o elemento de "amarração" de uma descrição complexa e apurável sob critérios igualmente científicos. Consequência é que a prova subjetiva e a objetiva só ganham sentido em relação mútua, havendo entre elas um vínculo de dependência recíproca, que requer uma pauta de sincronia exprimível por protocolos de condutas técnicas exercíveis por uma a uma das carreiras policiais. Estas, portanto, requerem um regime de funcionamento sistêmico, se os objetivos forem os de eficiência, eficácia e força jurídica das demonstrações de autoria criminal, nos contextos de sua materialidade.

A polícia de investigações, Polícia Civil, é um todo. É preciso que esse todo se modernize, se abra para um processo interno concertado, em que se encontre equilíbrio de forças, transparência, diálogo com outros poderes, esferas de governo e, paradoxal que seja, consigo mesma. Precisa, debaixo de um grande processo de modernização, redefinir-se como instrumento de garantia de direitos e repressão qualificada, ajudando não só a punir equilibradamente – logo, sob a supremacia moral e jurídica dos direitos humanos –, mas também a contribuir para a compreensão de causas da criminalidade, na construção dinâmica de estratégias preventivas, sobretudo para desviar os jovens da rota criminal, oferecendo a eles os caminhos da educação, da produção de valores culturais e materiais, enfim, o ingresso sustentado no mercado de trabalho e no debate político responsável.

Outras cisões e carreira única

A percepção dos conflitos interpares também é clara pelo ponto de vista da relação entre delegados e demais funcionários. Hoje, os agentes de polícias civis protagonizam movimento que, de modo relativamente furtivo, se antagoniza com o cargo dos delegados. Isso vem ocorrendo desde a segunda metade dos anos 2000. É outro fator de enfraquecimento das polícias civis. Foi um movimento iniciado pelas entidades dos agentes da Polícia Federal e mais recentemente ganhou corpo pelas entidades dos agentes das polícias civis, associados em federações e confederação.

Diferentemente dos peritos, a reivindicação não é por separar, mas sim por instaurar uma só carreira nas polícias civis e na federal. Em essência, também aqui há uma insurgência contra a carreira dos delegados. Fundamentalmente, a reivindicação é para que uma só carreira seja concebida de forma a se desenvolver conforme saberes e competências que sejam enunciadas em processos de trabalho tecnicamente desenhados. O desenvolvimento na carreira se daria de tal modo que o atual cargo de delegado seja atingido de acordo com processos internos medidos segundo as trajetórias individuais dos servidores. Para acesso ao cargo de direção da investigação, a graduação em direito, se de fato requerida em um possível novo modelo, poderia também ser oferecida pelas próprias academias de polícia nas estratégias de educação continuada. Esse o argumento mais difundido.

Ali pelos anos 2010 e seguintes, os escrivães de polícia também passam a se manifestar contra o modelo cartorial. Apontam excesso de trabalho, confusão no exercício das funções administrativas/funções de polícia investigativa-judiciária e até o próprio anacronismo do modelo cartorial. A crítica vem externando algo que a própria literatura especializada tem registrado, atribuindo defeitos ao modelo do inquérito policial que, segundo muitos, acabam prejudicando a investigação criminal em detrimento de excessos formalistas. Recentemente os escrivães vêm postulando que as funções de registro burocrático possam ser realizadas por cargos ou prestadores de serviço não policiais. Essa seria uma adaptação plausível do ponto de vista jurídico e viável do ponto de vista operacional.

Um sinal de avanço surgiu com a nova lei orgânica das polícias civis, Lei nº 14.735, de 23 de novembro de 2023. Nesse diploma os cargos policiais são basicamente os de delegado de polícia e oficial investigador de polícia. Há menção a peritos criminais nas polícias civis, porém, se "o órgão central de perícia oficial de natureza criminal estiver integrado na estrutura da polícia civil" (art. 19, III). Escapando deliberadamente de análises estritamente jurídicas, o que se vê nesse novo marco legal é uma reforma de certa substância.

Contudo, não se pode dizer que a nova lei trouxe referências e inovações que traduzam uma efetiva mudança de conceitos e modelo de suas instituições, no caso, as que se referem a cargos e carreiras. O mesmo se pode dizer sobre a estrutura organizacional, cujas mudanças não são de ordem propriamente qualitativa, mas sim de nomenclaturas e reposicionamentos de unidades organizacionais, sem vencer a lógica tradicional.

A redução à dupla entrada – delegado de polícia e oficial investigador de polícia – sugere que este último cargo resultou de uma fusão das antigas carreiras de agente e escrivão. Ao descrever as atribuições desse cargo, o que se vê na lei é um construto generalista, fazendo supor que as antigas funções serão repetidas conforme designações regulamentares. Em suma, não se percebe, pelo texto da lei, qualquer indicação sobre o posicionamento de cargos e atribuições num desenho baseado numa engenharia de produção aplicada ao ato investigativo. Em resumo, parece que as formas jurídicas continuam na proa da investigação, reduzindo as polícias civis à condição de uma antessala do Judiciário. Isso pode manter as polícias civis, e seus operadores, com baixo capital social no campo jurídico e da própria segurança pública. A nova lei indica apenas uma mudança incremental de baixo poder transformador.

Necessidade de nova governança

Essa situação vai contra o imperativo de aprofundamento sobre a realidade das polícias civis brasileiras: vai contra as necessidades de racionalizar e reformar suas atividades político-administrativas (nova governança) e as suas atividades de linha (novos desenhos para cargos/funções e processos científicos de trabalho). Reivindicar o fortalecimento das instituições policiais civis significa pleitear a maior capacidade de fruição de direitos pelo cidadão: o direito a ter os conflitos violentos investigados com técnica jurídica e científica, sempre com transparência, eficiência, eficácia e efetividade.

De forma geral, esse imperativo coloca um problema de urgência: a Polícia Civil precisa de uma nova governança. E isso se faz pela renovação da própria concepção principiológica das instituições policiais civis e, em decorrência dela, a opção por uma reengenharia organizacional integradora. Tanto no que se refere à estrutura organizacional (de onde se ganha força operativa) quanto ao emprego de pessoas (quem exerce racionalmente esta mesma força), os vácuos no processo de governança caracterizam as fraquezas e a forte exposição a riscos permanentes.

Governança pública é definida pelo Decreto nº 9.203, de 23 de novembro de 2017, como o conjunto de mecanismos de liderança, estratégia e controle postos em prática para avaliar, direcionar e monitorar a gestão, com vistas à condução das políticas públicas e à prestação de serviços de interesse da sociedade.

São princípios da governança pública, conforme o artigo 3º do Decreto nº 9.203: capacidade de resposta; integridade; confiabilidade; melhoria regulatória; prestação de contas e responsabilidade; e transparência.

Há um rol de 11 diretrizes da governança pública expostas no decreto. Elas nos orientam:

1. direcionar ações para a busca de resultados para a sociedade, encontrando soluções tempestivas e inovadoras para lidar com a limitação de recursos e com as mudanças de prioridades;
2. promover a simplificação administrativa, a modernização da gestão pública e a integração dos serviços públicos, especialmente aqueles prestados por meio eletrônico;
3. monitorar o desempenho e avaliar a concepção, a implementação e os resultados das políticas e das ações prioritárias para assegurar que as diretrizes estratégicas sejam observadas;

4. articular instituições e coordenar processos para melhorar a integração entre os diferentes níveis e esferas do setor público (uma concertação interorgânica), com vistas a gerar, preservar e entregar valor público;
5. fazer incorporar padrões elevados de conduta pela alta administração para orientar o comportamento dos agentes públicos, em consonância com as funções e as atribuições de seus órgãos e de suas entidades;
6. implementar controles internos fundamentados na gestão de risco, que privilegia ações estratégicas de prevenção antes de processos sancionadores;
7. avaliar as propostas de criação, expansão ou aperfeiçoamento de políticas públicas e de concessão de incentivos fiscais e aferir, sempre que possível, seus custos e benefícios;
8. manter processo decisório orientado pelas evidências, pela conformidade legal, pela qualidade regulatória, pela desburocratização e pelo apoio à participação da sociedade;
9. editar e revisar atos normativos, pautando-se pelas boas práticas regulatórias e pela legitimidade, estabilidade e coerência do ordenamento jurídico e realizando consultas públicas sempre que conveniente;
10. definir formalmente as funções, as competências e as responsabilidades das estruturas e dos arranjos institucionais; e
11. promover a comunicação aberta, voluntária e transparente das atividades e dos resultados da organização, de maneira a fortalecer o acesso público à informação.

Assim, é preciso estruturar uma crítica impessoal baseada na correlação objetiva entre a posição política das polícias civis no mapa das instituições públicas brasileiras e sua capacidade técnica na organização da respectiva atividade-fim, a investigação criminal baseada em método científico aplicado. Isso significa ir além de uma condição meramente formal na busca, coleta e documentação de provas para os efeitos do processo criminal em juízo. Significa, sim, fazê-lo, porém, numa perspectiva transcendente dos legados ideológicos de cunho persecutório, o que pede novas formas de se colocar como efetivo instrumento da democracia. É preciso compreender que, além de dar suporte ao processo punitivo contra infratores da lei, a investigação criminal também pode servir como fonte de conhecimentos etiológicos sobre a violência em geral e, portanto, fortalecer a ideia de protagonismo nos esforços gerais de prevenção do fenômeno.

Uma governança assim pressupõe dois grandes blocos de inovação: 1) no desenho e nas relações institucionais entre as esferas internas da alta e da média administração; 2) no desenho e interrelações da base finalística, com a correlação estrutural entre a ação operativa e a informação/inteligência policial, segundo noções científicas próprias da gestão do conhecimento.

A sociedade tende a deslegitimar uma instituição com métodos de trabalho ultrapassados, tecnologia desarticulada, modelagem anacrônica e ineficiente de funções, recursos logísticos mal dimensionados, divisões organizacionais desarticuladas. É preciso criar proposições de coesão entre cúpulas e bases, diminuindo distâncias. Na base operacional, as ações especializadas devem estabelecer novas formas de articulação com as instâncias territoriais, sempre considerando as evidências demográficas do fenômeno criminal. Até que ponto é eficaz uma estrutura de produção finalística (a investigação em si) baseada em rígida segregação de "poderes" internos, como se observa em subunidades organizacionais relativamente "autônomas"? Isso gera caos operativo e informacional, considerando que atuam de modo dessincronizado, quando não de forma deliberadamente antagônica.

É inadmissível que se mantenha um parque tecnológico fragmentado, com inúmeros sistemas desconexos e diferentes tipos de linguagem e modelagem, gerando caos na construção de conhecimentos do campo. Portanto, é urgente a concepção e implantação de uma só plataforma tecnológica multisserviços, desenhada em perspectiva de unidade e convergência. E aqui se diz de unidade e convergência tanto no plano político-administrativo quanto no plano finalístico.

Os próprios profissionais da Polícia Civil se debatem em controvérsias sobre esses e outros dilemas internos. São inquietações que vão se tornando pautas subterrâneas incontroláveis que alimentam subculturas em permanente conflito. E, pior, trata-se de um conflito negado, caótico, não submetido à organização de um debate esclarecido. Não é demais dizer de um verdadeiro e surdo confronto entre séquitos surgidos na extraoficialidade de grupos internos criptodoutrinários.

A definição de nova governança para as polícias civis na sociedade brasileira passa necessariamente pelo estabelecimento de nova matriz da investigação criminal. É através dela que se deve delinear a conformação de uma nova estrutura organizacional. Nesse sentido, no próximo capítulo apresentamos o conceito de investigação guiada pela inteligência.

CAPÍTULO 3

INVESTIGAÇÃO GUIADA POR INTELIGÊNCIA: BASES TEÓRICAS

A concepção de uma nova matriz para as atividades de investigação policial no Brasil nos leva a analisar as transformações que instituições de outros países têm vivenciado no campo da investigação. Nesse sentido, o Policiamento Guiado por Inteligência[1] compreende certamente um dos modelos de atuação policial mais proeminentes nos estudos sobre organizações policiais nas últimas décadas (Crank; Kadleck; Koski, 2010; Schaible; Sheffield, 2012).

Antes de apresentar aspectos históricos e detalhar características dessa abordagem de gerenciamento policial, convém ressaltar que neste texto usaremos a expressão "Investigação Guiada por Inteligência" para designá-la. Isso porque, embora na literatura o termo "policiamento" represente um conjunto de atividades de regulação e controle que podem ser tanto ostensivas de patrulhamento quanto investigativas (Reiner, 1997), no Brasil, tal termo

1 Tradução nossa para *Intelligence-led Policing*.

tem sido mais associado às atividades de patrulhamento ostensivo realizado pelas polícias militares.[2]

As primeiras experiências de Investigação Guiada por Inteligência surgem no Reino Unido, no início da década de 1990, mais precisamente no Departamento de Polícia de Kent (Ratcliffe, 2008a). No início dos anos 2000, o modelo foi institucionalizado por meio do Programa de Inteligência Nacional[3] e gradativamente ganhou espaço na agenda de polícias norte-americanas, australianas, neozelandesas e canadenses.

O movimento gerencialista preconizado pela Nova Gestão Pública e os eventos divulgadores promovidos pela Associação Internacional de Chefes de Polícia tiveram grande contribuição para sua difusão entre as agências de polícia ostensiva e de investigação. Nos Estados Unidos, o debate sobre esse modelo de policiamento ganhou força principalmente após os atentados de 11 de setembro de 2001, quando o governo identificou falhas no processo de compartilhamento e coordenação de informações de segurança nacional.

Os atentados terroristas na cidade espanhola de Madrid em 2004 também impulsionaram a temática da inteligência como elemento estratégico para a gestão das forças de segurança na Europa. Na década seguinte, esse novo paradigma de segurança pública é difundido em países como Nigéria (Osolafia; Ugbedeojo, 2022), Sérvia, Zimbábue, Ilhas Maurício e Maldivas (Phairoosch, 2019), sendo utilizado principalmente para a prevenção de crimes relacionados ao extremismo religioso e para o combate aos crimes cometidos por organizações com atuação especializada.

Essa abordagem de gestão policial tem sido classificada como um modelo estratégico de gerenciamento e controle de informações sobre riscos e ameaças criminais. Também é apresentada na literatura como filosofia e paradigma de segurança (Crank;

2 Convém destacar que os princípios e as iniciativas da Investigação Guiada por Inteligência se aplicam tanto às atividades das polícias militares quanto às polícias civis.

3 Tradução nossa para *National Intelligence Model.*

Kadleck; Koski, 2010). Um dos maiores defensores desse modelo, o ex-policial e pesquisador Jerry Ratcliffe, a define como:

> Um modelo de negócios e uma filosofia gerencial em que a análise de dados e a inteligência do crime são fundamentais para uma estrutura objetiva de tomada de decisão que leva a redução, a interrupção e prevenção do crime e de problemas por meio de gerenciamento estratégico e estratégias eficazes de fiscalização que visam o prolífico e infratores graves (Ratcliffe, 2008a, p. 89).

Uma melhor compreensão sobre esse modelo estratégico de policiamento investigativo se faz por meio de suas características e princípios centrais. Como supracitado, a norma estratégica prima por uma abordagem proativa e pela concentração de esforços de investigação contra criminosos reincidentes e alvos com grande potencial para a criminalidade. Essa lógica remete à ideia de priorização ou de análise de concentração, como na abordagem de *hotspot*.

Desse modo, na Investigação Guiada por Inteligência a atenção policial se volta para alvos estratégicos prioritários, e a prisão de infratores é guiada por um planejamento abrangente, não simplesmente aleatória ou reativa. Essa lógica de atuação emprega uma abordagem *top-down* de tomada de decisão, contrária à lógica tradicional de investigação *down-up*, caracterizada por "prender como um ato de enxugar gelo".

O paradigma da Investigação Guiada por Inteligência parte do princípio de que a gestão das informações e do conhecimento é fundamental para garantir eficácia nas decisões policiais (Ratcliffe, 2008b). Desse modo, a implantação do modelo de Investigação Guiada por Inteligência implica numa nova forma de gerenciar o conhecimento em organizações policiais.

Outro princípio importante é o de que as atividades de inteligência são essenciais no planejamento policial e por isso passam a ser centralizadas. Tais atividades são sustentadas por uma mudança substancial na forma de coletar, organizar, analisar e compartilhar informações sobre crimes. Consequentemente, a análise criminal é condição *sine qua non* para a tomada de decisão, e a figura de um Analista de Inteligência Criminal assume papel de destaque.

É válido ressaltar que a Investigação Guiada por Inteligência compreende algo muito maior do que a geração de mapas de geoprocessamento criminal. Trata-se de um modelo de gestão policial e não somente uma ferramenta de análise de crimes. Também é importante destacar que a expressão "inteligência criminal" é usada para descrever o resultado da análise não somente de informações secretas de vigilância, de entrevistas com criminosos ou de fontes confidenciais (informantes).

Essa expressão tem sentido amplo e envolve a coleta e tratamento de informações sobre padrões de crime, informações obtidas junto às vítimas no processo de investigação, dados sociodemográficos e até dados de instituições não policiais. Neste ponto, é válido dizer que esse modelo pressupõe a melhoria da comunicação e do compartilhamento de informações intra e interorganizacional.

No tocante ao compartilhamento intraorganizacional de informações, a implantação da Investigação Guiada por Inteligência se justifica porque, embora a grande maioria das polícias civis brasileiras já gere grande volume de dados e informações de investigação, elas não as organizam e as utilizam devidamente. Ademais, o processo de digitalização da burocracia policial vivenciado nas últimas décadas pelas polícias civis brasileiras ao mesmo tempo que facilita o exame das informações, também implica numa maior capacidade de análise.

A visualização da Investigação Guiada por Inteligência como uma abordagem para principalmente estimular o compartilhamento de informações entre as organizações de segurança é mais perceptível nos Estados Unidos do que no Reino Unido. Como dito, nos Estados Unidos, a abordagem tem sido assimilada como um caminho para promover a segurança nacional contra ameaças de atos de terrorismo (Carter; Phillips, 2015). Retratando o contexto norte-americano, Lewandowski, Carter e Campbell (2018) destacam que, embora a abordagem de *Intelligence-led*

Policing tenha sido criada para lidar com problemas complexos, tais como a atuação de grupos criminosos organizados e atos de terrorismo, seus princípios e instrumentos analíticos têm sido aplicados em diversos tipos de questões de criminalidade.

Para Ratcliffe (2008), a palavra "inteligência" na expressão *Intelligence-led Policing* está mais associada ao conceito de inteligência empresarial,[4] que vem sendo amplamente utilizado no mundo dos negócios. Tal concepção compreende um vasto conjunto de ferramentas tecnológicas usadas na transformação de um grande volume de dados (*big data*) em informação e conhecimento para criar estratégias e apoiar o processo decisório em instituições.

Ao analisar a utilização do *big data* no trabalho de Investigação Guiada por Informação na segurança pública de países como o Reino Unido, Stanier (2016) ilustra esse fenômeno destacando o papel estratégico e de um rico sistema de informações e base de dados sobre: localização em tempo real de viaturas, impressões digitais, dados biométricos e de DNA de infratores, registro policiais de ocorrências criminais, veículos automotores, passageiros de voos e trens (números de telefone, itinerário, informações detalhadas de voos etc.), sistema prisional, pessoas imigrantes e desaparecidas, entre outros elementos.

Outro princípio que representa uma mudança revolucionária proposta por esse modelo é que nele a inteligência criminal é que deve conduzir e pautar as operações policiais, ao invés de as operações ditarem as atividades e as prioridades de inteligência. Isso implica numa expressiva alteração no trabalho de investigação policial, que passa a se orientar pela perspectiva holística de criminalidade e não pela abordagem do "varejo de crimes". Assim, ao contrário do modelo tradicional de investigação, que se guia exclusivamente por eventos passados, visando "apagar incêndios", a Investigação Guiada por Inteligência pressupõe o estabelecimento de objetivos de longo prazo e a criação de estratégias de trabalho orientadas para o futuro, direcionadas ao controle da criminalidade. Isso explica sua perspectiva proativa de atuação.

---

4 Tradução nossa para *Business Intelligence*.

Como descrito, as atividades de inteligência têm sido tradicionalmente usadas em alguns departamentos da Polícia Civil no Brasil para o apoio pontual a determinados casos de investigação reativas, e não como um instrumento de planejamento estratégico e de priorização na alocação de recursos policiais, como pressupõe a Investigação Guiada por Inteligência. Neste ponto, como demonstrado no primeiro capítulo, existe no Brasil uma grande lacuna entre a demanda por serviços policiais e a capacidade de prestação desses serviços pelas polícias brasileiras, exigindo assim priorização e eficácia na alocação de recursos.

Segundo Ratcliffe (2008), para que as atividades de inteligência possam assumir o papel central no processo decisório, é necessária uma mudança nada elementar na estrutura organizacional das instituições policiais. Além disso, é imprescindível destinar a esse setor os melhores recursos humanos e os subsídios materiais necessários. Essa recomendação é válida também para o contexto policial brasileiro, em que o trabalho de inteligência tem status ruim e comumente recebe poucos recursos. A seguir abordaremos as semelhanças e as diferenças entre essa e outras inovações policiais.

Inteligência criminal

Infelizmente, no contexto operacional da segurança pública brasileira, o termo "inteligência" tem sido associado a uma abordagem reativa, realizada de maneira secreta, potencialmente subversiva (arapongagem) e normalmente ilegal, por meio de obtenção de informações sem autorização judicial.

O produto da análise de inteligência criminal é viabilizado em um processo de obter, compilar e examinar informações de indivíduos e atividades suspeitas, bem como disseminá-las num esforço de antecipar, prevenir e monitorar a criminalidade. Nesse processo, o trabalho do analista de inteligência pode envolver um expressivo conjunto de atividades, como: análise de rede, de padrão de crime, de tendência demográfica, financeira e social, análise espacial, de registros telefônicos, de indicadores criminais e de comunicação.

Cope (2004) estrutura o processo de Investigação Guiada por Inteligência em cinco estágios. O primeiro, denominado "Aquisição de informação", refere-se às atividades de captura, armazenagem e catalogação das informações. No segundo estágio, o analista de inteligência converte os dados e as informações em inteligência, buscando padrões nos dados do crime, vinculando eventos criminais ou construindo perfis detalhados de suspeitos. O terceiro estágio, nomeado de "Revisão e priorização", fornece os meios para priorizar a inteligência para que os crimes e os riscos mais críticos possam ser atendidos primeiramente. Planos de ação são elaborados com base no trabalho de inteligência em reuniões no quarto estágio do processo. Finalmente, o resultado do impacto do trabalho operacional de investigação é avaliado e o feedback deve ser gerado pelos tomadores de decisão para toda a equipe envolvida.

O processo de inteligência criminal é frequentemente conceituado em termos de modelos ou tipos ideais (Burcher; Whelan, 2019). O mais conhecido deles é chamado de "Ciclo de inteligência", e são encontradas diversas de suas versões na literatura. Para Gill e Phythian (2013), esses modelos são comumente estruturados em seis fases comuns: planejamento, coleta de informações, comparação e avaliação, análise, disseminação de relatórios de inteligência e feedback dos usuários.

É válido destacar que o processo de condução da Investigação Guiada por Inteligência nem sempre ocorre de maneira linear, em que a informação é passada por cada fase para desenvolvê-la para a ação. Na prática, o processo de inteligência é bem mais fluido. Também é possível que o processo ocorra com base no feedback de cada estágio (Cope, 2004). Essa perspectiva de condução nos parece mais adequada para garantir que as expectativas e necessidades dos tomadores de decisão sejam atendidas num menor período de tempo, sem retrabalho.

Investigação Guiada por Informação e outras inovações policiais

As atividades de Investigação Guiada por Inteligência têm sido constantemente confundidas com outras plataformas e padrões de atuação policial, tais como: Policiamento Orientado ao Problema, Comparative Statistics e Policiamento Comunitário. Assim, é necessário apresentar diferenças e semelhanças entre esses modelos e o pautado na inteligência, conforme se vê na Quadro 1.

Quadro 1 – Análise comparativa da Investigação Guiada por Inteligência e outros modelos de policiamento

	Policiamento comunitário	Policiamento Orientado ao Problema	Comparative Statistics	Investigação Guiada por Inteligência
Orientado a partir de	Comunidades atendidas	Problema (dois ou mais incidentes similares)	Metas estabelecidas para as unidades policiais	Grupos de criminosos contumazes e potenciais criminosos
Quem estabelece as prioridades?	Demandas e prioridades comunitárias	Análise criminal e os crimes de destaque	Gestão policial a partir de análise de crimes	Gestão policial a partir de análise de inteligência criminal
Foco hierárquico de ação	*Down-up*	De acordo com cada problema escolhido	*Top-down*	*Top-down*
Benefício ou resultado esperado	Aumento de legitimidade policial	Redução de crimes e outros problemas	Redução de crimes e outros problemas	Redução de crimes e outros problemas

Fonte: Adaptado de Ratcliffe (2008).

Comparando o modelo de Investigação Guiada por Inteligência com a filosofia de Policiamento Comunitário, nota-se que ambos têm em comum a prática de promover o compartilhamento de informações entre agências. Todavia, as diferenças são muitas expressivas. Enquanto o Policiamento Comunitário é orientado pelas necessidades e demandas das comunidades atendidas, o Investigação Guiada por Inteligência é direcionado para grupos de criminosos reincidentes e delinquentes mais perigosos. Os objetivos pretendidos também são distintos. Enquanto o primeiro visa o aumento de legitimidade policial, a implantação do segundo visa a redução direta de crimes e outros problemas.

Como lembram Trojanowicz e Bucqueroux (1999), o aumento da legitimidade policial tende a contribuir indiretamente para um maior número de denúncias, para registros de ocorrências e para repasse de informação pelas comunidades à polícia, que servem de base para um bom trabalho de investigação guiada por informação. Desse modo, pode-se concluir que ambos os modelos de policiamento não são concorrentes e podem ser implantados conjuntamente. Alguns autores norte-americanos, inclusive, defendem que abordagens de Investigação Guiada por Inteligência devem empregar princípios do Policiamento Comunitário (Innes, 2006). Afinal, as comunidades atendidas pelas organizações policiais também representam uma importante fonte de informações sobre criminalidade e violência.

Muitos dos princípios e elementos que guiam as atividades de Investigação Guiada por Informação também estão presentes no modelo de gestão policial nova-iorquino Comparative Statistics. Ambos são abordagens que se apoiam na realização de um trabalho policial guiado por dados, informação e inteligência. Outra convergência é que esses modelos partem de uma lógica de implantação do tipo *top-down* (de cima para baixo) e objetivam o controle da criminalidade. Por outro lado, a Investigação Guiada por Inteligência foca mais em possíveis ameaças do que em crimes que já ocorreram.

Apesar de tanto o Policiamento Orientado por Problemas quanto a Investigação Guiada por Informação fazerem uso de ferramentas analíticas, o papel desempenhado por um Analista de Inteligência Criminal na Investigação Guiada por Inteligência é bem mais abrangente que o exercido por um analista criminal ao executar os passos da metodologia de soluções de problemas. Groff *et al.* (2015), em seus estudos, demonstraram que a utilização de uma metodologia do Policiamento Orientado por Problema combinada com recursos da Investigação Guiada por Inteligência formam uma estratégia muito promissora para reduzir a criminalidade em regiões de alta concentração de crimes. Na mesma linha, o Departamento de Justiça norte-americano considera o Policiamento Orientado por Problema como um dos elementos centrais da Investigação Guiada por Inteligência (Bureau of Justice Assistance, 2009).

Novamente, cabe destacar que na Investigação Guiada por Inteligência, a inteligência criminal significa muito mais do que informação. É mais do que ouvir grampos em uma investigação ou que gerar mapas de geoprocessamento criminal, atividade central no Policiamento Orientado por Problema. A seguir serão apresentados os diferentes papéis a serem desempenhados pelo Analista de Inteligência Criminal nas organizações policiais.

Analista de Inteligência Criminal

Responsável por um dos estudos mais importantes em que se propôs investigar o papel e o trabalho desempenhado por analistas de inteligência em organizações policiais, Cope (2004, p. 188) define o Analista de Inteligência Criminal, como um "tradutor de informações, cuja função é revisar as informações e fornecer inteligência confiável em um formato prático e operacional".

No sentido de modelar e descrever as atividades do trabalho desempenhado pelo Analista de Inteligência Criminal, Ratcliffe propõe um modelo denominado Modelo 3-i (Figura 3). De acordo com esse sistema, o analista deve ser capaz de exercer três papéis críticos: interpretar, influenciar e impactar.

O papel de *interpretar* está relacionado à capacidade do analista de inteligência de compreender o ambiente criminal. Nessa primeira frente, é preciso definir alvos prioritários, analisar dados (tipos de crime, local, horário etc.), identificar *modus operandi* (formas de atuação, método de fuga adotado etc.) e características de vítimas, avaliar ameaças e reunir informações de outras fontes, além das organizações policiais. A consulta a dados em sistemas e a produção de informações são a base para a criação do conhecimento sobre o ambiente criminal.

Figura 3 – Modelo 3-i de Investigação Guiada por Inteligência de Ratcliffe

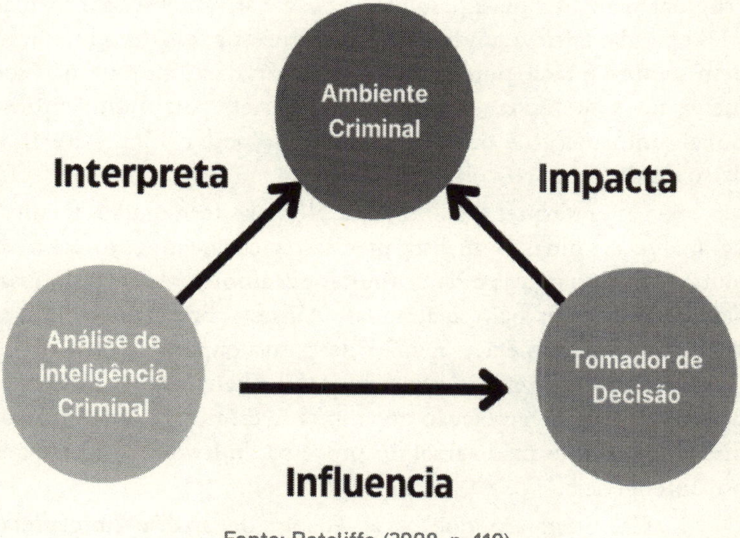

Fonte: Ratcliffe (2008, p. 110).

Neste ponto, para melhor compreender o trabalho de análise de inteligência criminal, é necessário explicitar a diferença entre dado, informação, conhecimento e inteligência. Os computadores da unidade policial contêm registros de ocorrências de furtos de fios de cobre. Cada ocorrência representa um *dado*. Quando um analista verifica essas ocorrências e constata um padrão de furtos numa determinada área, então os dados são transformados em *informação*. Se essa informação é compartilhada pelo analista com os operadores da investigação de campo e um deles relata que há, por exemplo, um novo ferro-velho na área e que há denúncias que ladrões estão vendendo produtos de furto nesse local, então essa sabedoria coletiva torna-se *conhecimento*. Se eles decidem procurar o chefe das investigações para reportar esse conhecimento e esse decide criar uma operação para investigar o novo ferro-velho, então o conhecimento torna-se *inteligência*. Desse modo, inteligência pode ser compreendida como um produto final do acúmulo de dados, de informação e de conhecimento.

Ainda no tocante à sua missão de interpretar o ambiente criminal, o analista deve pesquisar e buscar ativamente as informações exigidas entrevistando policiais de investigação. Essa interação nem sempre é fácil, porém muito necessária. Isto porque não somente no contexto das organizações policiais, para muitos profissionais, informação é tida como forma de poder (Cope, 2004), e, desse modo, é pouco compartilhada.

Para interpretar o ambiente, além das ferramentas técnicas de análise criminal, o analista precisa ter conhecimento sobre as teorias criminológicas e de criminologia ambiental. Quando essas são desconhecidas pelo analista, as análises sobre crimes e riscos se restringem à coleta e revisão descritiva superficial dos dados (Ratcliffe, 2008). Desse modo, é essencial salientar que a qualidade do trabalho de interpretação do ambiente criminal vai determinar diretamente o resultado final do processo de Investigação Guiada por Inteligência.

Considerando que as atividades de análise (interpretação do ambiente criminal) são centrais para o trabalho e papel da Investigação Guiada por Inteligência nas organizações policiais, o Programa de Inteligência Nacional do Reino Unido enumera nove possíveis técnicas analíticas, quais sejam: análise de padrão criminal, análise de rede de criminosos, análise de perfil de mercado de criminal (exemplos: mercado de drogas, prostituição etc.), análise de tendência demográfica e social, análise do perfil de negócios do crime organizado, análise de risco, análise de resultados/impacto, avaliação de inteligência operacional e análise de perfil de criminosos alvos.

O segundo papel do analista é o de *influenciar* o pensamento do tomador de decisão. Para Ratcliffe (2008), a palavra "influenciar" implica na necessidade de os analistas fazerem recomendações aos tomadores de decisão. Nesse ponto, cabe evidenciar que muitos desses não são as pessoas que inicialmente encomendam um trabalho de inteligência. Ademais, tais tomadores de decisão podem ter expectativas e necessidades diferentes daqueles que solicitam os relatórios de inteligência.

Normalmente, investigadores e policiais que elaboram os planos de patrulhamento são considerados como clientes ou solicitantes de serviços de inteligência. Por outro lado, para Ratcliffe (2008), os tomadores de decisão podem estar dentro ou fora das agências de segurança pública. Conhecer com clareza as expectativas e as necessidades dos tomadores de decisão, no estágio inicial de um projeto de inteligência, é vital para a qualidade do resultado final (Nicholl, 2004). Essa medida também aumenta as chances de o trabalho de inteligência ser utilizado e propiciar um impacto positivo no ambiente criminal.

Ao influenciar tomadores de decisão, os Analistas de Inteligência Criminal contribuem diretamente para uma melhor racionalidade no emprego dos recursos policiais, a fim de obter o maior impacto positivo sobre o ambiente criminal.

Infelizmente não é comum que policiais e analistas avaliem o impacto das ações de Investigação Guiada por Inteligência após a implantação do plano de ações (Phairoosch, 2019). É preciso ressaltar que o trabalho do analista não se encerra com a entrega dos relatórios de inteligência aos tomadores de decisão. É necessário avaliar a efetividade do *impacto* do trabalho de inteligência sobre o ambiente de criminalidade.

Mais recentemente, o Modelo 3-i foi renomeado por Ratcliffe (2016) para 4-i. O quarto e último "i" está relacionado à capacidade da liderança policial assumir um papel mais direto na comunicação de suas *intenções* estratégicas, atribuindo tarefas à unidade de inteligência. Isso implica numa nova seta na Figura 3, que parte do tomador de decisão para o Analista de Inteligência Criminal e é denominada de *intenção*. Segundo Ratcliffe (2016), esse processo ocorre quando a liderança policial adquire mais experiência no seu papel de gerir o centro de inteligência.

É relevante enfatizar que na literatura são encontrados outros modelos para a operacionalização da Investigação Guiada por Inteligência.[5] O detalhamento do modelo por Ratcliffe deve a sua aparente simplicidade e adequação à realidade de atuação regional das polícias civis brasileiras. Apesar da simplicidade do modelo proposto por Ratcliffe (2008a), para a atuação do analista, o seu papel muitas vezes não é claramente compreendido por policiais, pois a figura do analista tende a não se encaixar com naturalidade nas estruturas hierárquicas tradicionais de uma organização policial. A seguir esse e outros fatores críticos para a implantação bem-sucedida de um modelo de Investigação Guiada por Inteligência serão explorados.

Fatores críticos de sucesso na implantação da Investigação Guiada por Inteligência

A obtenção de todo o conjunto de benefícios do modelo de Investigação Guiada por Inteligência citado nas seções anteriores requer ações especiais de planejamento em sua implantação no tocante às questões: de infraestrutura de tecnologia e sistemas, culturais, de pessoal e de estrutura organizacional.

5 Além do modelo dos 4-i, podemos destacar: o modelo cibernético, o modelo americano, o modelo britânico denominado NIM e o modelo padrão chamado IC. Para uma compreensão desses modelos, recomenda-se a leitura de Phairoosch (2019).

O gerenciamento efetivo de grandes bases de dados, atividade comum na Investigação Guiada por Inteligência, exige não são investimentos expressivos em infraestrutura de tecnologias de comunicação e informação (Darroch; Mazerolle, 2013), como também implica na necessidade de profissionais com competências e habilidades analíticas, e com amplo conhecimento e domínio sobre técnicas de simulação, mineração de dados e *machine learning* (Stanier, 2016). Nesse sentido, a figura de especialistas, como o cientista de dados, pode ser de grande valia para o planejamento das investigações e os Chefes de Polícia precisam estar prontos para permitir que Analistas de Inteligência Criminal não policiais (externos à corporação) se sentem à mesa para produzir relatórios com policiais civis. É determinante frisar que policiais com perfil e capacitação adequada também estão qualificados para atuar como analistas.

O recrutamento e a atuação de pessoas externas à corporação como Analistas de Inteligência Criminal não é algo trivial. Tais analistas não policiais podem ser subestimados ou terem suas atividades desvalorizadas quando são integrados às equipes operacionais de polícia. Afinal, é relativamente comum que policiais se sintam desconfortáveis em aceitar recomendações de pessoas externas (Cope, 2004; Santos, 2014). Isto também ocorre porque, tradicionalmente, os policiais tendem a valorizar mais o seu conhecimento/experiência operacional de "luta contra o crime" nas ruas do que o trabalho administrativo e a "papelada de escritório" (Freitas, 2015). Nesse sentido, a liderança policial deve agir com firmeza na valorização do trabalho de análise de inteligência, na promoção de um trabalho integrado entre analistas e policiais de investigação, bem como proporcionar aos analistas um amplo conhecimento do trabalho operacional dos investigadores.

Considerando que a formação de um Analista de Inteligência Criminal não é um processo trivial e rápido - e que são raros programas específicos para treinamento de analistas de inteligência no Brasil e até mesmo em países como os Estados Unidos -, a ausência de pessoal qualificado para a condução das análises de inteligência criminal é tida como o fator mais crítico para a implantação bem-sucedida de programas de Investigação Guiada por Inteligência (Carter; Phillips, 2015; Crescenzo, 2007; Cope, 2004).

Para Ratcliffe (2008), além dessa necessidade básica de treinamento em ferramentas analíticas, a implantação bem-sucedida de um programa de Investigação Guiada por Inteligência está associada: à existência de uma estrutura de comando para apoio e coordenação da inteligência; à ocorrência de reuniões periódicas para a atribuição de tarefas estratégicas e táticas; e à disponibilidade de informações confiáveis, completas e oportunas para a tomada de decisões. Outro ponto destacado por ele é que haja estruturas de responsabilidade da gestão (*accountability*) para garantir que a inteligência e as prioridades sejam selecionadas, os recursos sejam alocados onde for necessário e os resultados sejam avaliados.

Carter e Phillips (2015) destacam que a implantação da abordagem de Investigação Guiada por Inteligência requer mudanças não somente na estrutura organizacional das forças policiais, mas também na gestão policial e no cotidiano operacional. No que se refere à estrutura organizacional de forças policiais, características relacionadas à centralização, formalização e integração podem tanto favorecer quanto dificultar o fluxo de conhecimento e, consequentemente, da inteligência na organização policial (Gemke *et al.*, 2019).

No tocante às questões de formalização (regras, procedimentos e rotinas), Carter (2012) defende a premissa de que modelos de Investigação Guiada por Inteligência devem se basear em políticas e diretrizes formalizadas para coletar, manter e compartilhar informações. Tal medida está associada a aspectos éticos, de controle e de *accountability*. Essa medida de governança é essencial para proteger a privacidade, garantir direitos civis e evitar, por exemplo, que a Investigação Guiada por Inteligência seja utilizada como instrumento de perseguição política. Para Gemke *et al.* (2019, p. 8), um "maior nível de formalização de tarefas e a utilização indicadores para medir os resultados, propiciam aos profissionais (analistas e investigadores) orientações e segurança na execução de seu trabalho".

Ao se considerar que as forças policiais tendem a operar de maneira isolada em sua própria estrutura vertical, dificultando o compartilhamento de inteligência com outras unidades e com outras organizações (Sheptycki, 2004), para a viabilização da abordagem de Investigação Guiada por Inteligência, é necessário pensar em estruturas de trabalho integrativas. Isto se aplica também e principalmente à integração das seções analíticas de inteligência e às divisões operacionais (Ratcliffe, 2008).

Uma solução potencial norte-americana para a dificuldade das unidades policiais de produzir inteligência internamente e principalmente compartilhá-la com outras unidades são os *Fusion Centers* (Lewandowski; Carter; Campbell, 2018). Desde os atentados de 11 de setembro, mais de 70 desses centros de inteligência foram criados em todos os estados norte-americanos para executar um trabalho bastante semelhante ao estabelecido na abordagem da Investigação Guiada por Inteligência (Carter; Phillips, 2015). É necessário frisar que, embora os *Fusion Centers* tenham sido concebidos para centralizar o processo de compartilhamento de informações de inteligência e segurança nacional contra o terrorismo, tem-se observado uma ampliação de sua missão para diversos tipos de desastres, ameaças e crimes relacionados à ordem pública (U.S. Department of Homeland Security, 2015). De toda maneira, vale destacar que a coordenação desses centros é feita por agentes públicos federais e não por agentes locais da polícia.

Estudando o processo de implantação da Investigação Guiada por Inteligência em agências de polícia holandesas, Gemke *et al.* (2019) incorporaram quatro aspectos relacionados à cultura organizacional em suas análises, quais sejam: colaboração intra e interorganizacional para criar e compartilhar conhecimento; confiança para compartilhar informações; mecanismos de incentivos e recompensas (na forma de *feedback*); e liderança e suporte gerencial. Nesse estudo, os pesquisadores concluíram que parte dos policiais investigadores não confiava nos produtos gerados pela Divisão de

Inteligência e que tais produtos eram elaborados com baixíssima interação interdepartamental, não atendendo às necessidades e aos requisitos do departamento de investigação.

Ainda no contexto europeu, a Organization for Security and Co-operation in Europe (2017) aponta pelo menos três fatores críticos para a implementação bem-sucedida da Investigação Guiada por Inteligência entre as nações do bloco, quais sejam:

- estabelecer uma estrutura legislativa clara de governança que especifique quais os poderes dos atores e quais os processos para recolher, analisar e partilhar informações de inteligência;
- utilizar sistemas interoperáveis que permitam o compartilhamento de diferentes formatos de dados e informações entre agências; e
- criar uma cultura colaborativa de partilha de inteligência para apoiar a tomada de decisão.

Como dito, investimentos em sistemas de informação e comunicação são de grande importância na viabilização da Investigação Guiada por Inteligência. Todavia, grande parte do conhecimento contextual sobre investigações que estão em andamento e as últimas atualizações e percepções sobre fatos não são ou não podem ser registrados em sistemas de informação. Assim, sem a integração e a colaboração contínua dos investigadores, os analistas provavelmente terão muitas dificuldades para criar produtos de inteligência de alta qualidade:

> Muitas vezes você pede certas informações, mas recebe outras. Isso ocorre porque os analistas não sabem o contexto da sua pergunta. A necessidade de compartilhar o conhecimento sobre as investigações em andamento é considerada essencial, pois facilita um entendimento comum das necessidades e suprimentos de inteligência (Gemke *et al.*, 2019, p. 9).

A interação e a colaboração contínua entre analistas, parceiros e tomadores de decisão podem ser facilitadas quando o trabalho de produção de inteligência é feito face a face por meio de reuniões regulares. Tais encontros permitem a geração de *feedbacks* sobre o trabalho realizado e um maior reconhecimento por cada um; contribuem para o processo criativo na busca de soluções; e auxiliam no alinhamento de expectativas e necessidades. Retrabalho, perda de tempo e desconfiança são consequências inevitáveis quanto tais oportunidades de socialização do conhecimento não acontecem.

Desse modo, de imediato, é preciso ressaltar que a qualidade de dados e informações disponíveis nos registros oficiais da polícia afeta diretamente o resultado dos produtos gerados pelo Analista de Inteligência Criminal, ou seja, a precisão das análises pode ser potencialmente comprometida quando faltam ou há informações incorretas nos diversos sistemas e registros de ocorrência policial.

Quanto aos facilitadores tecnológicos para a implantação da Investigação Guiada por Inteligência, convém destacar a importância de se planejar o acoplamento de diferentes bases de dados e sistemas de informações entre unidades e instituições, garantindo o acesso automático e fácil aos mesmos. Isto porque uma das razões centrais para que policiais não registrem ou utilizem informações na Investigação Guiada por Inteligência está na baixa usabilidade dos sistemas (Gemke *et al.*, 2019). Eventuais dificuldades de investigadores e analistas para acessar, registrar ou analisar um grande volume de dados podem representar um obstáculo importante a ser considerado. Ainda sobre os fatores tecnológicos associados à implantação bem-sucedida de modelos de Investigação Guiada por Inteligência, também é preciso considerar a concepção de uma lógica de autorização efetiva e flexível que deve regular quem terá acesso a certas informações específicas e às ferramentas de software.

Um risco potencial na implantação da Investigação Guiada por Inteligência é o da ênfase excessiva que pode ser atribuída pela liderança policial à aquisição de tecnologias, desconsiderando requisitos estruturantes da abordagem gerencial. É importante que a liderança esteja atenta à ideia de que a tecnologia é apenas um meio para a adoção da Investigação Guiada por Inteligência e não um fim em si próprio. A disfunção de se considerar a tecnologia como panaceia foi observada por Phairoosch (2019), ao analisar a implantação do *Intelligence-led Policing* pelas forças de segurança pública das Maldivas.

Cabe reforçar que o debate sobre a utilização de novas tecnologias e sistemas de informação para a gestão da inteligência criminal é pertinente e necessário (Ferguson, 2017), principalmente num contexto de crescente valorização dos recursos de inteligência artificial, *machine learning*, computação em nuvem, cibersegurança, *big data analytics* e outros mecanismos que desempenham papel fundamental no gerenciamento de grandes bases de dados.

A viabilização da Investigação Guiada por Inteligência nas polícias civis brasileiras exige mudanças organizacionais relevantes. Trata-se de implementar um novo modelo de governança, conforme afirmamos. Para tanto, é imprescindível a aproximação das áreas de ação operativa e de informação.

No capítulo a seguir analisamos detalhadamente esse aspecto e apresentamos a proposta do Centro de Direção e Controle da Investigação (CDCI) como formato organizacional que permitiria a superação do *gap* existente entre as áreas de ação operativa e de informação.

CAPÍTULO 4

REESTRUTURAÇÃO ORGANIZACIONAL: A PROPOSIÇÃO DO CENTRO DE DIREÇÃO E CONTROLE DA INVESTIGAÇÃO (CDCI)

Característica marcante nas polícias civis brasileiras é a separação organizacional entre as áreas de ação operativa e de produção da informação. Tal distinção é naturalizada na cultura interna. Essa é uma cisão negligenciada do ponto de vista estratégico e constitui fator de "inconsciente" estresse para o alcance de resultados eficazes. O abismo entre essas duas áreas geralmente vai da localização física dos respectivos escritórios organizacionais até a orientação estratégica dos objetivos de cada qual. A essência do problema está na cisão entre a ação finalística (investigar crimes e tombar a investigação em inquérito) e a "informação consolidada a respeito da própria investigação e sobre a dinâmica dos cenários da violência e criminalidade em que ela ocorre, decorrentes de informações e inteligência sobre a criminalidade" (Persichini, 2023, p. 214). As áreas de ação operativa (atividades de campo) trabalham distantes de uma informação estruturada em processos científicos de produção do conhecimento, manejáveis por aplicações tecnológicas. Isso também potencializa os entraves e as desconfianças mútuas no compartilhamento interno de conhecimentos, o que usualmente ocorre pela via das burocracias documentais ou por força de relações pessoais. Não raro acontecem conforme disputas baseadas nos poderes sectários que se definem na realidade organizacional/cultural. Esse quadro retrata uma negação à ideia da Investigação Guiada por Inteligência, tratada no capítulo anterior.

A implementação da matriz de Investigação Guiada pela Inteligência exige uma atuação justaposta entre a ação operativa e a ação de informação. Essa exigência sugere que essas duas dimensões sejam exercidas por uma única unidade organizacional. Em vez de a ação operativa pautar as ações de informação, a informação deve pautar as ações operativas, retroalimentando-as de modo que funcionem em regime de consórcio. A primeira, a ação operativa, organiza as atividades de campo e o registro formal, isto é, investigação e inquérito. A segunda, a informação, administra o conhecimento relacionado a essa mesma ação (análise criminal quantitativa e qualitativa), baseando-se em metodologias específicas, geralmente a partir de estatísticas e outras técnicas. Desse modo, deflagra-se o ciclo de produção de inteligência. A informação deve orientar a ação em tempo real, oferecendo suporte ativo e cotidiano. Assim, essas duas áreas não podem funcionar separadamente, nem trabalhar com metodologias e objetivos distintos. Na realidade atual, há grande desperdício de esforços e praticamente nenhum processo de trabalho que promova uma conexão eficiente e imediata entre elas.

A criação de uma estrutura unificada que integre ação e informação permitiria uma análise vinculativa dos dados, transformando-os em conhecimento e, finalmente, em inteligência aplicável. No caso do tratamento das informações utilizadas pelas polícias civis, existem diversos aspectos que serviriam como ponto de partida para as inovações. Primeiramente, é fundamental considerar a base sobre a qual essas inovações devem ser construídas. Conforme mencionado nos capítulos anteriores, no modelo prevalecente das polícias civis, a ação operativa orienta precariamente o segmento de informações, e não o contrário. A inversão desse vetor é fundamental para a instituição de práticas inovadoras. Preferencialmente, como pretendemos indicar, essas áreas devem ser unificadas em uma única coordenação.

Para tanto, as polícias civis devem criar uma instância responsável pela aproximação tática entre alta e média direções e, daí, exercer o controle nuclear do ato investigativo. A direção superior deve transcender seu papel exclusivamente político e assumir diretamente a supervisão e o controle de toda a atividade-fim. Essa posição de centralidade da alta administração se daria pelo mecanismo aqui denominado Centro de Direção e Controle da Investigação (CDCI). *A priori*, esse centro deve ser entendido como uma metodologia de gestão, mas será construído em um ambiente físico para operacionalizar o conjunto de sistemas telemáticos da polícia civil. Na prática, poderíamos desde já cogitar de uma transformação radical, em termos de caracterização das competências e execução de funcionalidades, das atuais centrais de telecomunicações, existentes em boa parte das polícias civis brasileiras. O centro trabalhará em tempo real, executando todo o processo de captação de dados, construção de informações, conhecimentos e inteligência, ordenando o fluxo de difusão desses resultados.

Esse processo incidirá sobre as investigações e serviços executados em absolutamente todas as delegacias ou unidades executivas de outra denominação. Simultaneamente, procederá à emissão da voz de controle tático e estratégico, realizando o apoio direto a toda e qualquer movimentação da Polícia Civil no território físico e lógico da investigação criminal. Isso permitirá a montagem evolutiva de uma série complexa de classificação de cenários, possibilitando a visualização de vínculos sobre a fenomenologia da criminalidade. O CDCI permitirá a real direção técnica e científica da atividade investigativa. Permitirá libertar as delegacias - e seus operadores - do isolamento crítico que as caracteriza. Por fim, facilitará a coordenação técnica entre elas, apontando conexões entre crimes e otimizando o emprego da força policial disponível no entorno do ambiente criminal de interesse tópico.

Portanto, essa coordenação se torna o coração da atividade-fim. Sua importância estratégica é tão grande que se recomenda funcionar a partir do gabinete da direção geral das polícias civis, irradiando-se por todos os níveis organizacionais.

A Figura 4 sugere, numa visão geral, como se daria a estruturação básica desse modelo de governança no interior da plataforma do CDCI. Observe que o esquema contempla todos os níveis da administração e indica a diminuição das distâncias entre cúpulas e bases.

Figura 4 – Governança corporativa com o CDCI – polícias civis

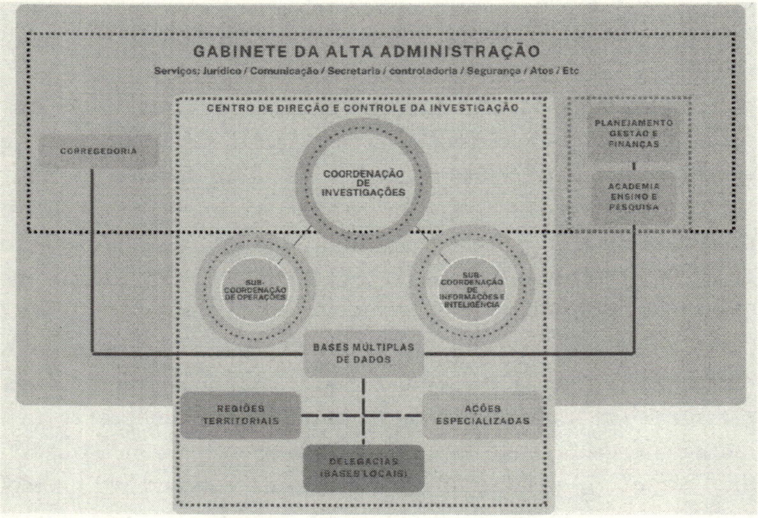

Fonte: Elaborado pelos autores

Reestruturação organizacional

Para que a implantação do CDCI seja efetiva, é necessário que se pense na reestruturação das polícias civis em todo o seu arranjo institucional. Isso significa a exigência de uma torção lógica das concepções que orientam os tradicionais organogramas.

A partir da fusão entre áreas operativas e de informação, a tarefa se concentra na coesão entre chefias, níveis intermediários e a base das polícias civis. Aí se impõe um criterioso esforço de redesenho.

É necessário enfatizar: antes de tudo, o CDCI é uma concepção evolutiva que tem um caráter político-administrativo. Caso se consolide como um centro efetivo de gestão complexa da atividade finalística, é um espaço de tratamento de conhecimentos destinados à governança das polícias civis. Por essa razão, como mostra a Figura 4, ele pode ser percebido como a própria alma da organização policial civil. Ele se difunde, como um corpo tentacular, por todas as regiões da organização, diminuindo as distâncias entre cúpulas e bases.

Como sugerido, um bom caminho para implantação do CDCI seria por meio de uma reforma das centrais de telecomunicações das polícias civis, mas lembrando-se de que a idealização do CDCI vai muito além delas.

Tradicionalmente, essas centrais descendem de um modelo arcaico baseado na ideia de radiopatrulhamento, remetendo-nos aos tempos em que a comunicação era baseada na simples conexão de vozes, em tempo real, entre policiais de uma central de telefonia/radiofonia e policiais empenhados nas ocorrências, geralmente por automotores ou a pé. A tecnologia de então pode ser considerada rudimentar. Como é explícito já na sua denominação, esse modelo se orientava fundamentalmente pela ideia da cobertura tática de territórios, para fins de ação policial preventiva e de repressão primária, numa perspectiva de manutenção da ordem pública. Em outras palavras, é um modelo essencialmente referenciado nas funções de polícia ostensiva. Nas polícias civis, essas centrais de telecomunicações foram instituídas e se estagnaram nos papéis de despachos de viaturas, de modo residual e aleatório, baseadas na monitoração das faixas de rádio das polícias militares. Assim, as unidades das polícias civis se envolviam em poucas ocorrências, com interesse meramente discricionário. Não era um processo de trabalho sistematizado, talvez em razão da incapacidade histórica de comparecimento ordinário da polícia de investigação a locais de crime.

Sobretudo a partir do final dos anos 1990, as centrais das polícias militares (COPOMs) e corpos de bombeiros (COBOMs) passaram a se valer de aplicações diversificadas e mais avançadas da tecnologia (migração de recursos analógicos para os digitais, sistemas de mapeamento, GPS etc.). Na esfera militar, essas aplicações propiciaram a organização gradual de inúmeras variáveis informacionais sobre as ocorrências atendidas, alargando a gama de conhecimentos subjacentes a cada episódio de relevância criminal. Logo, ensejaram a gestão qualificada de informações, visando ao traçado de estratégias e táticas da polícia ostensiva. Por óbvio, aquelas centrais se mantiveram espontaneamente direcionadas pelas competências constitucionais dos militares. Aprimoraram cientificamente suas providências de despacho e sequenciamento até o ponto do registro escrito de ocorrências em unidade da polícia investigativa nos casos de relevância criminal. Naquele instante, as polícias civis raramente possuíam um boletim eletrônico de registro de ocorrências, recebendo fisicamente os registros da Polícia Militar ou assentando os boletins nas próprias delegacias, a partir dos relatos militares.

Nos anos 2000, algumas dessas centrais de telecomunicações policiais civis, impulsionadas por recursos de convênios com o governo federal, mediadas pela Secretaria Nacional de Segurança Pública no Ministério da Justiça (Senasp/MJ), se integraram, por mecanismos diversos, a sistemas interinstitucionais. O objetivo era nivelar os ciclos de polícia ostensiva e polícia investigativa, evitando superposições e criando um ambiente de cooperação, visto que as competências constitucionais de cada polícia são complementares. Esse novo ambiente trouxe consigo, em lugares específicos, como em Minas Gerais, uma das inovações mais impactantes: a instituição de um sistema de produção do boletim de ocorrência compartilhado pelas duas polícias. Esse sistema, com grande variedade de dados parametrizados, permitiu a construção de conhecimentos muito mais profundos sobre a etiologia e outras características de cada episódio relevante no âmbito da segurança pública. Tornando-se patrimônio de todas as organizações do sistema de segurança pública, os boletins compartilhados representaram um ponto de inflexão no ciclo de ações policiais, configurando-se tecnologicamente como o nó articulador da polícia ostensiva e da Polícia Judiciária. Isso permitiu que a Polícia Civil enxergasse diretamente a movimentação operativa da Polícia Militar/Bombeiros, e vice-versa, podendo posicionar-se melhor na transição dos serviços da ostensividade para os da investigação.

Contudo, embora em alguns estados as polícias de investigação tenham passado a funcionar juntas ou próximas das plataformas tecnológicas modernizadas daquelas duas instituições e, ainda, utilizassem operacionalmente os registros unificados, as centrais de telecomunicações das polícias civis não foram submetidas a um processo de redefinição paradigmática de seus sistemas de trabalho. De maneira geral, as centrais policiais civis ainda hoje são meramente reativas às notificações das polícias militares. Na verdade, as polícias civis não implantaram metodologias de abordagem imediata a locais de ocorrência, tampouco sistematizaram as informações do pós-registro, isto é, não organizaram o processo de coleta, tratamento e difusão de dados e conhecimentos adquiridos na fase investigativa.

É essencial que esses conhecimentos sejam submetidos metodicamente ao manejo num centro de direção e controle da investigação, como o CDCI aqui cogitado. As polícias civis aperfeiçoaram seus serviços de estatística e análise criminal, mas continuam trabalhando, em regra, exclusivamente, com os dados dos sistemas de registro de ocorrências, não agregando informações qualitativamente relevantes do circuito investigativo. Por esse motivo, é possível dizer que as centrais de telecomunicações permanecem estagnadas no modelo do policiamento ostensivo, atuando de modo reativo e em função de problemas de dimensões mais específicas, como:

- na conexão com a ação dos militares (Polícia Militar e Corpo de Bombeiros Militar), visando facilitar a transição de ocorrências nas delegacias e afastar conflitos interinstitucionais;
- nos conflitos internos sobre competências para processamento e distribuição de ocorrências nas unidades policiais civis;

- no atendimento às demandas via telefone (geralmente tridígitos, destinados às polícias civis), que sempre foram ociosos em termos de ativação da investigação;
- na retransmissão interna de ocorrências de clamor público ou exposição institucional da Polícia Civil, para alerta e posicionamento da administração interna, especialmente da alta direção.

Portanto, não houve evolução conceitual acerca da modelagem política, administrativa e operacional das centrais de telecomunicações das polícias civis, à luz das características e necessidades típicas da investigação criminal contemporânea. Dito de outra forma, as centrais não foram objeto de uma reflexão inovadora em termos de sua condição ontológica e, portanto, não se promoveu uma redefinição de seus pilares estruturantes, com a modernização dos respectivos processos de trabalho, alcance e orientação institucional. Na verdade, não se percebeu que as centrais de telecomunicações das polícias civis, enquanto potencial mecanismo de apoio qualificado ao iter apuratório dos delitos, deveriam evoluir para a caracterização do aqui chamado CDCI. Essa percepção indica que as centrais de telecomunicações das polícias civis precisariam estar fortemente agregadas aos serviços de estatística, análise criminal e inteligência policial, tudo isso com a constituição de uma base de dados mais profunda do que as registradas nos boletins de ocorrências unificados. Repita-se: uma base de dados provinda dos conhecimentos adquiridos na fase da investigação.

Em geral, as polícias civis negligenciaram a ideia de uma central capaz de articular a informação (conhecimento cientificamente modelado) e a ação (ato investigativo, enquanto cognição complexa, baseada em atividades de campo e consequente ordenação documental). Na maioria dos estados, sobreviveu como uma unidade restrita à região metropolitana das capitais, com despachos residuais de poucas funções instrumentais (perícia e rabecão, em essência) e solução de controvérsias operacionais internas. Pode-se afirmar que permaneceu como uma repartição tipicamente reativa, que mobiliza um contingente considerável de servidores (geralmente composta por delegados e investigadores) que, de fato, não têm poder ativo enquanto operadores de um ponto de comando e controle sobre as funções inerentes a qualquer investigação criminal realizada desde as bases operativas, territoriais ou especializadas.

Todo esse relato pretende indicar a importância de uma mudança de real impacto sobre as estruturas tradicionais das polícias civis. Informação, conhecimento, inteligência são o fundamento para mudanças institucionais que afetem a estrutura organizacional e os modelos operativos da atividade-fim. O CDCI se apresenta como uma estratégia desse tipo, repetimos, uma estratégia política, administrativa e operacional. Ele se coloca como uma metodologia de gestão que objetiva reduzir a altura da pirâmide corporativa e elevar exponencialmente a capacidade operativa da investigação policial. Consideradas as características de alta complexidade informacional da dinâmica investigativa em todo o território dos estados, o CDCI nasce de uma remodelagem administrativa e operacional das polícias civis.

CDCI e investigação criminal

Na implantação do CDCI, é preciso considerar um ponto de partida: a investigação criminal normalmente começa pelo *input* do boletim de ocorrência, mas a partir dali funciona sob estímulos diversos, inerentes à intrincada tarefa apuratória. O exercício da Polícia Judiciária e da apuração das infrações penais acontece topicamente, delegacia por delegacia, e se consuma na emissão do inquérito policial. Entretanto, o fenômeno criminal transcende o caso a caso, configurando-se como um conjunto de eventos passíveis de observação fenomenológica, através de técnicas estatísticas, quantitativas e qualitativas, capazes de ensejar uma visão estratégica específica para a repressão legal. Entendendo os vínculos e a lógica do movimento criminal, as polícias civis podem adotar medidas de investigação qualificadas, sobretudo na modalidade de apurações/inquéritos matriciais, particularmente à vista do crime organizado. Mesmo que o direito imponha a individualização de condutas delinquenciais e funcione sob o duro imperativo da jurisdição, há possibilidades jurídicas para isso. Nesse sentido, pode-se pensar sobre eventos concentrados no tempo e no espaço, como é o caso dos furtos e roubos de celulares ou veículos, entre outros. Assim, na perspectiva do CDCI, a hipótese é de uma monitoração comparada, em tempo real, incidente sobre todo e qualquer esforço investigativo em curso no respectivo estado da federação. Por óbvio, o CDCI depende de tecnologias que permitam a adoção de processos de trabalho dessa complexidade.

Isso nos leva de volta à própria noção de informações policiais: os conhecimentos produzidos na investigação, quando tratados em ambiente de confrontação, comparação, vinculação e organização das variáveis informativas custodiadas nos procedimentos singulares (boletins de ocorrência, inquéritos policiais, diligências preliminares, termos circunstanciados de ocorrência, medidas cautelares, entre outros), ganham outra significação estratégica ao serem vistos em seu conjunto no tempo e no espaço. Nesse viés, é possível uma adequada ordenação operacional caso a caso, mas cria, acima de tudo, uma real capacidade de repressão taticamente traçada sobre a própria dinâmica da criminalidade, com predições derivadas de vínculos informacionais e outras técnicas de inteligência, também agregando dados de fontes externas. Em suma, essa conduta consiste em gerir dados e conhecimentos que propiciem um serviço, em tempo real, de comando, coordenação e controle das ações policiais. Isso vale tanto para o comando/coordenação/controle de uma investigação tópica (caso a caso), quanto para uma investigação abrangente (investigações matriciais contra crime organizado, contra *hotspots* de furtos, homicídios ou varejo de drogas, por exemplo).

Para tanto, o CDCI deve se apossar da matéria informacional de duas origens "naturais": a dinâmica da criminalidade e a dinâmica do ato investigativo. Na primeira, cuida-se do crime, do criminoso, das características, dos ambientes, das condições (pessoas, motivações, pertencimento a grupos/movimentos criminosos, nexos supratemporais). Na segunda, cuida-se do ato investigativo em si, seus registros formais, seus protagonistas, seus métodos, suas ações de campo, suas buscas documentais, seus recursos, suas estratégias intrínsecas. Desses dois domínios é possível extrair uma gama extensa de variáveis informacionais de relevo, com a finalidade de correlacioná-las e monitorar a ação em tempo real. Aqui é preciso raciocinar com uma noção de conjunto, nas dimensões de um olhar sistemático sobre todas as ocorrências/investigações verificadas num dado limite espacial temporal, buscando identificar as presumivelmente numerosas relações de interdependência/vinculação entre fatos, pessoas e dinâmicas específicas (*hotspots* ou crime organizado, por exemplo). Isso possibilitará um efetivo mecanismo de comando e controle estratégico, tático e operacional sobre toda a atividade de acolhimento de ocorrências e investigações daí derivadas. Toda essa orientação encontra respaldo numa condição institucional que é da essência das polícias civis: o não funcionar sob o critério legal da jurisdição. Na prática, as investigações podem ser praticadas sem o constrangimento compulsório de um suposto "delegado natural" ou "delegacia de jurisdição". Por isso, a polícia de investigações tem muito mais flexibilidade no empenho de seus recursos por todo o território do estado federativo.

Vislumbrando a instituição do CDCI, a remodelagem das centrais de telecomunicações pode apontar para uma solução eficaz. Elas devem funcionar como uma repartição do CDCI. Toda a matéria de produção do conhecimento e inteligência necessita de difusão, e, por óbvio, esse processo se dá por técnicas de intercomunicação. O CDCI, valendo-se de um núcleo de telecomunicações, é o ponto focal de uma extensa e complexa teia de articulação com as unidades organizacionais e os próprios policiais, aqui considerados em suas individualidades. Em suma, o núcleo de intercomunicações é o aparato de permanente conexão de unidades e servidores no ambiente do CDCI. As inovações devem ser atingidas com metas de curto, médio e longo prazos, desenvolvendo planos de trabalho detalhados sobre as ações necessárias. Vejamos um quadro comparativo:

Quadro 2 – Centrais de Polícia (Cenário Atual) X CDCI (Cenário Proposto)

Cenário Atual - Centrais de Polícia Civil	Cenário Proposto - CDCI
Geralmente atuam "lateralmente" às centrais de chamadas das polícias ostensivas.	Atuam como uma central de operações da movimentação investigativa.
Seguem a dinâmica típica da polícia ostensiva.	Atua segundo a dinâmica típica da polícia investigativa.
Têm atuação basicamente circunscrita às capitais ou, quando muito, às regiões metropolitanas.	Atuam em todo o território dos respectivos estados, com balizas de inteligência e contrainteligência.
Atuando sob a lógica de policiais exercendo meras funções de atendimento reativo.	Atuam com grupos de policiais analistas, treinados em inteligência e gestão do conhecimento, com despacho e monitoração de ordens estruturadas.
Realizam basicamente despachos de perícia, rabecão e investigadores (em casos de homicídios) circunscritos às capitais ou regiões metropolitanas.	Faz conexões da investigação criminal, com vocação para despachar, comandar e controlar passos da investigação policial em todo o território do estado.
Têm acesso aos sistemas de atendimento e despachos, mas com aplicações limitadas aos despachos de remoção ou verificação circunstancial.	Tem acesso a ferramentas e softwares de alta tecnologia para análise, síntese e correlação de crimes, com ordenação primária do ato investigativo.
Utilizam métodos de trabalho ultrapassados, baseados no conceito de radiopatrulhamento.	Utiliza novos processos de trabalho e aplicações de alta tecnologia, análise e inteligência criminal.
Trabalham sem critérios classificatórios da dinâmica criminal.	Atua estrategicamente na percepção da dinâmica criminal, com mecanismos de classificação de eventos, conforme complexidade e graduação de sigilo.

Cenário Atual - Centrais de Polícia Civil	Cenário Proposto - CDCI
Funcionam com poucas inovações, permitindo apenas mudanças incrementais.	Introduz dinamicamente mudanças estruturais, com redefinição do papel estratégico da central de telecomunicações, como ponto de entrada do CDCI.
Trabalham com registros reativos "caso a caso", derivados da polícia ostensiva.	Cria vínculos e contextualizações na dinâmica da criminalidade, partindo de uma visão do particular para o geral.
As informações têm como base os registros das polícias militares.	Atua sob a lógica da produção imediata de conhecimentos por múltiplas fontes, particularmente do próprio esforço investigativo, em tempo real.
Desconexão com os processos de investigação de campo e de inteligência, resultando em baixa efetividade na produção de informações relevantes.	Trabalha com a perspectiva de aumento gradual da presença de equipes completas em locais de crime (delegados, investigadores e peritos).
Geralmente atuam como observadoras dos atos das polícias militares.	Funciona como um hub de informações da dinâmica investigativa, coordenando ações operacionais com informações em tempo real.
Possuem baixa capacidade de geração de conhecimento e pouca influência sobre a ação investigativa.	Tem alta capacidade de geração de conhecimento, com influência direta sobre a ação investigativa.

Fonte: Elaborado pelos autores.

Trata-se de fundar um sistema de observação permanente sobre toda a movimentação investigativa no território do respectivo estado (com possibilidade de aprimoramento das interlocuções interestaduais futuramente), a ser percebida nos agitados cenários da criminalidade. Tal sistema constituirá um legado de conhecimentos passível de consulta e inter-relacionamento lógico.

Nesse sentido, isso quer dizer que o CDCI, ao se pensar em um horizonte de inovações, deve funcionar:

- como um *hub* baseado em aparato de gestão da informação e do conhecimento sobre tudo o que se refere à dinâmica da investigação criminal no tempo e no espaço do território do respectivo estado;
- como núcleo de comando, coordenação e controle da ação investigativa que opera ininterruptamente, 24 horas por dia.

Por "dinâmica da investigação" entenda-se todo tipo de dado sobre a ação investigativa diante dos movimentos criminosos. Dito tudo isso, uma conclusão é inevitável: a concepção, o planejamento e a implantação do CDCI hão de resultar de uma rigorosa articulação institucional, organizacional e operacional entre as competências das áreas de ação operativa e de informações.

Em síntese, estamos a falar de duas dimensões dialeticamente complementares da investigação criminal: a ação propriamente dita e a informação que se adquire em função dela e de outros dados capturados de fontes externas, abertas ou não. Ora, conhecimento, inteligência, dados primários, dados secundários, terciários etc. nada mais são do que elementos constituintes de um saber atrelado à ação investigativa, vale dizer, do que se descobre em cada esforço apuratório e sua vinculação científica a essas variáveis. Isso dará consistência a um olhar matricial (sobre o macrocosmo da criminalidade e do empenho investigativo), que advém dos saberes pontuais (sobre microcosmos do crime em espécie e do respectivo empenho investigativo), num processo de retroalimentação contínua.

As informações/conhecimentos ordinários se submeterão a um sistema próprio de classificação, baseado na premissa da proteção dos dados sob o domínio da investigação policial. Residualmente, com sua normativa de especificidade, a atividade de contrainteligência há de funcionar no contexto (em posição mais reservada, mas em perspectiva anexa do ponto de vista procedimental), com seu regime próprio de produção, classificação e difusão das informações. Seus produtos serão lançados no rol ordinário dos conhecimentos policiais, conforme os comandos típicos de desclassificação.

Inovações organizacionais demandam criatividade e superação de tabus. Desenhos organizacionais são construções humanas e não criações espontâneas da natureza. É preciso ter em mente que informação é uma matéria que evoca conexão racional com a ação. E aqui se trata de uma ação do poder público, a ação investigativa, que se dá sobre um evento complexo, que é o delito, passível de ser percebido não apenas em sua singularidade, mas também como manifestação de uma rede causal. Tudo isso gera muitos dados e informações, que precisam ser tratados. Por isto, devemos admitir que esses dados e informações também devam ser incrementados por *inputs* de fontes externas, inclusive as de fontes abertas. Sendo assim, é condição necessária que as polícias civis, enquanto órgãos estratégicos do poder estatal, pactuem a recepção de dados/informações de outros órgãos públicos e privados, sempre com obsessivos cuidados de *accountability*, o que é dever de natureza constitucional. A organização de todo esse universo de informações é função complexa, que implica uma fulgurante atividade de agregações e descartes de dados, justamente o que qualifica a atividade de gestão do conhecimento. Assim, a articulação entre ação e informação, nos domínios da polícia, precisa ser urgentemente reconstruída do ponto de vista lógico e procedimental, aumentando-se o alcance e a complexidade dos processos de análise e consequente tomada de decisões.

Será necessário arquitetar uma estrutura funcional que traduza a dialética desse contexto. O CDCI permitirá uma orientação estratégica sobre os cenários de eclosão do crime e a consequente adoção de medidas táticas e operacionais ancoradas em conhecimento tecnicamente organizado. Ele orientará as ações empenhadas em tempo real pelas investigações sob monitoração que, em tese, devem ser todas, segundo graduações de acesso, sigilo e consistência. Ao mesmo tempo, realizará esforços de aquisição de novos dados/conhecimentos que interessem ao processo em curso, construindo uma "compreensão" imediata (para o caso singular, especialmente para os respectivos inquéritos) de importância tático-operativa.

O núcleo de telecomunicações não é um espaço de produção de conhecimento em si, mas sim um dispositivo de comunicação dos conteúdos produzidos, que atuará em face das unidades operacionais, as da alta administração, chefias intermediárias e policiais individualmente considerados (obviamente ligados a uma repartição operativa). O núcleo de telecomunicações, como parte do CDCI, funciona como sua extensão.

O CDCI deve estar subordinado diretamente aos dirigentes máximos das polícias civis nos estados, mas será tecnicamente administrado pelos titulares das áreas de ação operativa e de informação (unificadas), como supervisores táticos da direção máxima. Coordenadores operacionais e times de técnicos de analistas atuarão à frente de serviços no espaço físico do centro. Delegacias de todos os níveis terão seus pontos focais de desconcentração do CDCI. Esses pontos serão uma versão reciclada e ampliada da atual noção de agência de inteligência, funcionando como extensões customizadas do CDCI.

CDCI e análise criminal

A estrutura de funcionamento para a produção de análises e ações de cunho estratégico, tático e operativo se dá em "ambiente de situação". Esse espaço é tecnicamente o centro decisório do CDCI. Os operadores são policiais analistas (também analistas recrutados externamente) treinados e certificados como especialistas nesse processo. Em turnos de plantão, esses operadores estarão aptos a realizar análises em tempo real. Para tanto, terão acesso regular, conforme o perfil individual do analista, ao legado informacional disponível. Haverá normas para classificação/desclassificação de informações custodiadas em casos específicos. As análises regulares são produzidas no "ambiente de situação", que estará efetivamente conectado à central de telecomunicações. Nesse caso, é correto dizer que todos os analistas atuam em rede, basicamente realizando as mesmas funções. Cada estado federativo poderá customizar a divisão do trabalho entre analistas, adotando critérios como, por exemplo, a monitoração por regiões do território, por modalidades de crime, e assim por diante. A consolidação de tudo se dá no ambiente de situação. A diferença estará no analista posicionado no núcleo de intercomunicações, que cuidará dos contatos com a ponta operativa, recebendo demandas e transmitindo resultados.

Logo, convém reiterar que o "ambiente de situação" e a central de telecomunicações são apenas divisões operacionais de um só esforço: captar, tratar e difundir dados e conhecimentos para as polícias civis nos respectivos estados, supervisionando e coordenando ações investigativas e de informação a serem executadas na base.

O "ambiente de situação" é um espaço dedicado para que analistas trabalhem em conjunto para monitorar, avaliar e interpretar dados em tempo real. Esses analistas são policiais especialmente treinados, capacitados para operar sob alta pressão e propor decisões rápidas, fundamentadas no conhecimento consolidado. O tomador de decisão, no ambiente de situação, poderá referendar ou reorientar os pareceres. O ambiente é equipado com tecnologia avançada de comunicação e análise de dados, permitindo uma resposta rápida e coordenada a qualquer evento que ocorra no território de atuação. A função do ambiente de situação é garantir que todas as operações policiais estejam alinhadas com as estratégias gerais de segurança pública e que a informação flua eficientemente entre diferentes níveis da administração policial.

- Processos e protocolos de trabalho

Em relação aos processos e protocolos de trabalho, o CDCI deverá funcionar sob uma nova infraestrutura de telemática. Ele realizará processos de trabalho definidos em protocolos técnico-científicos, baseados numa engenharia de produção e, por óbvio, na legalidade. Por intermédio do núcleo de intercomunicações, fará a captação primária de informações no clímax do ato operacional, sem prejuízo das outras formas de captação, cotejando imediatamente o conhecimento adquirido com o legado informacional e, daí, realizando basicamente: a retransmissão do conhecimento já primariamente tratado nos contextos do tempo real e a supervisão e coordenação das ações de campo (nas delegacias e suas diligências).

Em nível da alta/média administração, ela produzirá relatórios primários ordinários e extraordinários (conforme o cenário) sobre toda a dinâmica, permitindo a tomada de decisões baseada em evidências devidamente dimensionadas.

- Conexão e integração

O ideal é que 100% dos policiais estejam formalmente conectados à central de telecomunicações via *smartphones* ou similares, com rigorosa definição de protocolos de intercomunicação. Numa visão de futuro, cada policial constituirá um avatar no CDCI, representando sua presença e atuação profissional. As unidades, cada qual, também funcionarão como um ponto de desconcentração informacional/operacional.

- Metáfora da produção industrial

Num esforço metafórico, o "ambiente de situação" é a "planta industrial de produção", ao passo que o núcleo de intercomunicações é o ponto de recepção dos pedidos e distribuição dos bens informacionais, incluindo as ordens de encaminhamento das ações. A customização de variáveis relevantes deve ocorrer caso a caso, no típico trabalho de correlação científica, isto é, baseada em metodologias tecnicamente definidas.

Espiral de correlação – informação/ação

Para ilustrar a complexidade e a interconexão das variáveis informacionais no processo de construção do conhecimento no

CDCI, podemos utilizar a metáfora de uma espiral de DNA. A imagem a seguir representa uma "espiral de correlação – informação/ação", em que diversas constantes e variáveis informacionais são integradas para fornecer uma visão holística e dinâmica da situação investigativa.

Figura 5 – Espiral de correlação – informação/ação (variáveis aleatórias)

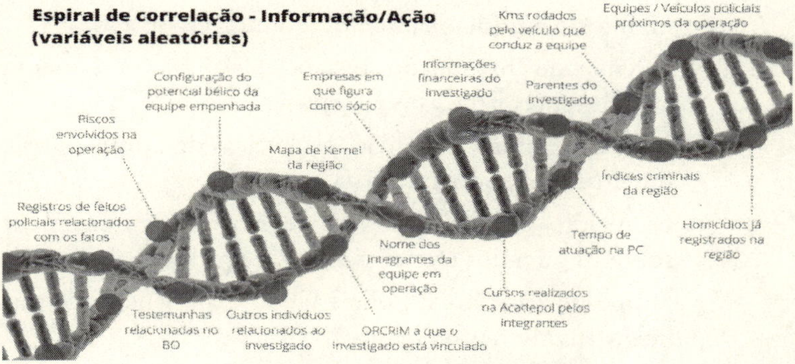

Fonte: Elaborada pelos autores.

As constantes e variáveis informacionais a seguir são exemplos possíveis de alocação num dado processo de construção do conhecimento:

- registros de feitos policiais relacionados com os ratos: informações sobre ocorrências anteriores que podem ter conexões com o caso em investigação;
- riscos envolvidos na operação: avaliação dos potenciais perigos para a equipe e terceiros;
- configuração do potencial bélico da equipe empenhada: detalhes sobre o armamento e a preparação da equipe;
- empresas em que figura como sócio: relações empresariais do investigado que podem revelar atividades ilícitas;

- mapa de Kernel da região: análise espacial da criminalidade na área de operação;
- informações financeiras do investigado: dados sobre transações financeiras que possam indicar lavagem de dinheiro ou financiamento de atividades criminosas;
- quilômetros rodados pelo veículo que conduz a equipe policial: monitoramento do uso dos veículos policiais;
- equipes/veículos policiais próximos da operação: disponibilidade e posicionamento de unidades de apoio;
- parentes do investigado: relações familiares que podem ser relevantes para a investigação;
- índices criminais da região: estatísticas de criminalidade que fornecem contexto para a operação;
- homicídios já registrados na região: dados específicos sobre homicídios que possam estar ligados ao caso;
- tempo de atuação na Polícia Civil: experiência dos policiais envolvidos na operação;
- cursos realizados na Acadepol pelos integrantes: capacitações e especializações da equipe;
- ORCRIM a que o investigado está vinculado: identificação de organizações criminosas associadas ao investigado.
- nome dos integrantes da equipe em operação: registro detalhado dos policiais empenhados na missão;
- testemunhas relacionadas no boletim de ocorrência: pessoas mencionadas nos boletins de ocorrência que possam fornecer informações adicionais;
- outros indivíduos relacionados ao investigado: conexões pessoais e profissionais que podem ser relevantes para o caso.

Desse modo, a análise criminal precisa ocorrer além da base de dados dos boletins de ocorrência. As informações adquiridas na fase investigativa devem ser incutidas no conjunto de variáveis registradas nos boletins de ocorrência. A investigação constitui um conhecimento imprescindível para a qualificação do conhecimento geral sobre os delitos e sua fenomenologia.

É necessário compreender que a estatística é ferramenta da análise. Existem diversos modelos estatísticos possíveis, e a escolha por quaisquer deles dependerá sempre do estado informacional que cerca o caso ou o ambiente abordado. A análise criminal é um procedimento aberto para a coleta de informações das mais diversas fontes. Por mais relevantes que sejam as análises baseadas nos sistemas de registro de ocorrências, elas não são suficientes para uma visão típica da polícia de investigações. Especialmente os dados de inteligência, que vão desde as fontes abertas até as eventuais buscas de campo, devem ser adequadamente submetidos à análise criminal, com as devidas reservas que cada caso requer. O CDCI deverá ser regido, entre outros critérios, por protocolos rigorosos de contrainteligência. Assim, é necessário rever os processos de trabalho, com base em uma nova matriz de captação de dados, visando à implementação de novos expedientes de tratamento e difusão.

Como já afirmado, o CDCI constitui a própria alma política e administrativa das policiais civis. Ele permitirá uma orientação estratégica sobre os cenários do crime e a consequente adoção de medidas táticas/operacionais ancoradas em conhecimento tecnicamente organizado. Ele orientará as ações empenhadas em tempo real pelas investigações em monitoração que, em tese, devem ser todas em desenvolvimento no território. Todos os serviços deverão ser realizados segundo graduações de acesso, sigilo e consistência. Ao mesmo tempo, o CDCI realiza esforços de aquisição de novos dados/conhecimentos que interessem ao caso em curso, construindo uma compreensão imediata da importância tático-operativa de cada qual. Assim sendo, ele também é a base para as demais funções de administração política do órgão em si, a Polícia Civil, enquanto instância do poder público que se relaciona com o próprio governo, outros órgãos e instituições públicas, a sociedade civil e o mercado.

Utilização de inteligência artificial no CDCI

A incorporação da inteligência artificial (IA) no CDCI representa uma inovação significativa para a modernização das polícias civis. A IA tem o potencial de transformar radicalmente a forma como as investigações criminais são conduzidas, permitindo uma abordagem mais eficiente e baseada em dados.

- Automação de tarefas administrativas

Uma importante aplicação da IA é a automação de tarefas administrativas. Diversas tarefas administrativas e operacionais podem ser automatizadas com o uso da IA, permitindo que os policiais se dediquem a atividades mais complexas e críticas. Isso inclui a triagem de informações, a organização de dados e a geração de relatórios. Atualmente, uma parte significativa de tempo dos policiais é consumida por tarefas burocráticas, como preenchimento de relatórios, inserção de dados e gestão de documentos. A automação dessas tarefas através de sistemas de IA pode liberar os policiais para se concentrarem em atividades mais críticas e estratégicas. Sistemas de processamento de linguagem natural podem ser empregados para analisar e sintetizar relatórios de ocorrências, enquanto ferramentas de automação de fluxo de trabalho podem gerenciar a inserção e atualização de dados nos sistemas policiais.

- Reconhecimento de padrões de criminalidade

A IA também pode ser empregada no reconhecimento de padrões de criminalidade em tempo real. Utilizando técnicas avançadas de reconhecimento de imagens e vídeos, a IA pode analisar vastos bancos de dados de câmeras de vigilância para identificar comportamentos suspeitos e atividades criminosas. Sistemas de reconhecimento facial e de placas de veículos podem ser integrados para rastrear criminosos conhecidos e veículos suspeitos. Essa capacidade de análise em tempo real permite uma resposta imediata e eficaz a incidentes, aumentando significativamente a eficiência das operações policiais.

- Análise preditiva

A análise preditiva é uma das áreas mais promissoras para a aplicação da IA no CDCI. Utilizando algoritmos de aprendizado de máquina, a IA pode examinar grandes volumes de dados históricos para identificar padrões e tendências que possam prever atividades criminosas futuras. Isso permite que as polícias civis adotem uma postura proativa, antecipando possíveis crimes e alocando recursos de maneira mais eficiente. Por exemplo, a análise preditiva pode identificar áreas com maior probabilidade de crimes específicos, como furtos ou homicídios, possibilitando a adoção de medidas de apoio às investigações.

- Integração e interoperabilidade

Para maximizar os benefícios da IA, é essencial que o CDCI garanta a integração e interoperabilidade dos diversos sistemas de dados utilizados pelas polícias civis. A criação de uma infraestrutura de dados robusta, que permita o compartilhamento e a análise integrada de informações de diferentes fontes, é fundamental. Além dos dados e conhecimentos provenientes das investigações, isso inclui dados de ocorrências policiais, registros de vigilância, informações de inteligência e até mesmo dados públicos relevantes. A interoperabilidade dos sistemas facilita a criação de um panorama completo e integrado da criminalidade, permitindo uma tomada de decisão mais informada e estratégica.

- Capacitação e desenvolvimento de pessoal

A implementação da IA no CDCI também exige a capacitação dos policiais para utilizar essas novas tecnologias de maneira eficaz. Programas de treinamento específicos devem ser desenvolvidos para garantir que os policiais estejam familiarizados com as ferramentas de IA e saibam como interpretá-las e aplicá-las em suas atividades diárias. Além disso, a criação de funções especializadas, como analistas de dados e operadores de sistemas de IA, pode ser necessária para maximizar os benefícios dessas tecnologias.

- Análise de dados em tempo real

A IA permite a análise de grandes volumes de dados em tempo real, facilitando a identificação de padrões e tendências que podem não ser detectados por métodos tradicionais. Isso é particularmente útil para monitorar a criminalidade e prever eventos futuros com maior precisão.

- Assistentes virtuais

Assistentes virtuais alimentados por IA podem apoiar os policiais no campo, fornecendo informações em tempo real, respondendo a consultas rápidas e ajudando na tomada de decisões.

- Análise de vídeo

A IA pode ser utilizada para analisar imagens de câmeras de segurança, identificando comportamentos suspeitos e alertando os operadores em tempo real.

- Processamento de linguagem natural

Ferramentas de IA podem processar grandes volumes de textos, como relatórios de ocorrência, depoimentos e documentos legais, extraindo informações relevantes e identificando inconsistências.

- Reconhecimento facial

Sistemas de reconhecimento facial baseados em IA podem ajudar a identificar suspeitos em locais públicos, facilitando a captura de criminosos e a prevenção de crimes. Nesse contexto, é essencial garantir que as tecnologias de IA não reproduzam estigmas, preconceitos ou outras formas de discriminação, seja por cor, gênero, orientação sexual ou política.

- Suporte à tomada de decisões

A IA pode fornecer insights valiosos para os analistas de inteligência, oferecendo uma análise rápida e precisa de dados complexos. Isso permite que os analistas recomendem, ao tomador de decisões, soluções embasadas.

- Integração de dados

A IA pode integrar dados de diversas fontes, sejam internas ou externas, criando um panorama completo e detalhado para os analistas. Isso facilita a identificação de conexões e padrões que poderiam passar despercebidos.

- Melhoria da qualidade dos relatórios

A IA pode auxiliar na elaboração de relatórios mais precisos e detalhados, incluindo visualizações de dados que tornam a informação mais acessível e compreensível. Isso melhora a comunicação interna e externa das descobertas analíticas.

- Redução de erros humanos

Ao fornecer uma análise baseada em algoritmos rigorosos, a IA reduz a possibilidade de erros humanos, aumentando a precisão e a confiabilidade das análises de inteligência.

Para implementar a IA, é necessário investir em uma infraestrutura tecnológica robusta, incluindo servidores de alta capacidade, softwares especializados e ferramentas de análise de dados. Policiais e analistas devem ser treinados para utilizar essas ferramentas de maneira eficaz, compreendendo os princípios básicos da IA e recebendo treinamento específico sobre as ferramentas implementadas. A criação de modelos de IA personalizados, que atendam às necessidades específicas do CDCI, é fundamental. Isso pode envolver a colaboração com especialistas em ciência de dados e empresas de tecnologia.

A implementação de IA deve ser acompanhada de fortes protocolos de segurança e privacidade, garantindo que dados sensíveis sejam protegidos contra acessos não autorizados. A IA precisa ser integrada aos sistemas existentes do CDCI e das polícias civis para garantir uma operação fluida e eficiente, incluindo sistemas de gestão de registros, bases de dados de inteligência e plataformas de comunicação.

O desafio da inovação

O CDCI vai além de ser apenas uma sala de serviços; é uma nova metodologia para a investigação policial e governança das polícias civis. O CDCI pode impactar positivamente a percepção pública sobre as polícias civis em todo o país, com metas escalonadas.

A concepção do CDCI exigirá esforço, disciplina, capacidade técnica e um dimensionamento adequado de recursos materiais, humanos e metodológicos. No entanto, pode ser o ponto de retomada vital de um modelo de organização fundamental para a sociedade brasileira: as polícias de investigação.

A implementação do CDCI e a integração de novas tecnologias e metodologias de governança transformarão as polícias civis. Esse processo envolverá:

- revisão de procedimentos: atualizar procedimentos operacionais para incorporar práticas mais eficientes e tecnológicas;
- capacitação técnica: investir na formação de policiais analistas para operar no ambiente do CDCI;
- recursos materiais e humanos: alocar adequadamente os recursos necessários para a infraestrutura tecnológica e gestão do CDCI;
- metodologias de gestão: aplicar ciências da administração para otimizar a governança e os processos internos das polícias civis.

Com a adoção do CDCI, espera-se que as polícias civis se tornem mais eficazes na condução de investigações criminais, proporcionando um serviço público de maior qualidade, alinhado às necessidades da sociedade. É imperativo que as polícias civis brasileiras abracem a inovação e deixem de lado modelos tradicionais que já não atendem às demandas contemporâneas de segurança pública. A criação e implementação do CDCI representa um passo significativo nessa direção, oferecendo uma base sólida para a modernização das práticas investigativas e administrativas. Contudo, sua implementação também tangencia outros aspectos institucionais das polícias civis, que precisam ser problematizados e modificados, conforme será discutido nos próximos capítulos.

CAPÍTULO 5

CARREIRAS POLICIAIS E DESENHO ORGANIZACIONAL

A tecnologia não é um fim em si mesma, mas um meio para a renovação de objetivos e a implantação de aperfeiçoamentos ou reformas institucionais. Ela constitui a base material de novas governanças ao induzir e ordenar processos inovadores de trabalho e mentalidades. A complexidade dos processos de mudança é extensa, densa e multifacetada, exigindo o manejo adequado de dados e informações sobre realidades diversas e os objetivos de transformação.

No caso da polícia de investigações criminais, a complexidade incide não apenas sobre instâncias e valores organizacionais, mas também sobre o fenômeno sociológico da violência e da criminalidade.

Na cultura das polícias civis, a naturalização dos modelos organizacionais e de carreiras se torna um obstáculo para movimentos disruptivos capazes de reconstruir valores e práticas. Embora a morfologia estruturante das polícias civis tenha uma certa uniformidade nacional, observa-se uma considerável diferença nos extratos médios e básicos dos seus desenhos organizacionais, cargos e funções. Essa variação ocorre conforme o estado federativo em que se encontram.

As nomenclaturas de unidades policiais, cargos e funções apresentam variações que indicam uma frouxidão doutrinária e procedimental, o que pode afetar a coesão e a aderência a padrões universalizantes. Em geral, essas discrepâncias são explicadas pelas particularidades de cada estado. De fato, as diferenças geopolíticas do vasto território brasileiro não podem ser negadas, e essas peculiaridades demandam olhares específicos. Entretanto, a desarticulação das polícias civis tem um sentido ontológico que muitas vezes não é percebido em sua totalidade. As assimetrias, embora aparentemente sutis, entre cargos e estruturas organizacionais enfraquecem os ideais de unidade política, administrativa e operacional.

Essa desconfiguração compromete a adoção de protocolos de trabalho que equilibrem as noções de especialização e generalização no trato da diversidade delinquencial, como nos crimes de narcotráfico, contra a vida ou cibernéticos. A definição de perfis policiais pode ter uma base generalista, sem prejuízo da especialização ao longo da carreira. No entanto, é essencial evitar que a caracterização das especialidades resulte em silos operacionais, onde a comunicação e a colaboração entre diferentes departamentos são limitadas, afetando a eficácia geral das operações investigativas.

Embora a flexibilidade na definição de cargos e carreiras possa atender às necessidades locais, ela também apresenta desafios significativos em termos de padronização e integração das práticas policiais em todo o país. Uma abordagem mais uniformizada poderia facilitar tanto a gestão interna das polícias civis quanto a formulação de políticas nacionais de segurança pública, promovendo uma resposta mais coordenada e eficiente aos desafios da criminalidade.

As complicações surgem quando essas estruturas fragmentam os processos de trabalho e a distribuição de poder dentro da organização. Isso gera obstáculos ao compartilhamento de informações vitais para a condução eficaz das investigações. O resultado é um ambiente em que alcançar resultados concretos se torna muito mais complexo e desafiador. A fragmentação cria grandes entraves no fluxo dos principais elementos que conduzem o processo investigativo, dificultando a coordenação e a execução de operações integradas e eficientes.

Por exemplo, no processamento de ocorrências dentro das estruturas policiais civis, quando um crime é reportado, a notificação inicial é tipicamente direcionada a um setor específico, composto por profissionais de uma das carreiras envolvidas na investigação. Em casos de homicídios, em que a resposta imediata é essencial para o sucesso da investigação, a presença no local do crime é fundamental. No entanto, essa tarefa é frequentemente dividida entre investigadores e peritos, cada um com suas próprias ordens de serviço e objetivos específicos.

Os investigadores geralmente se concentram na coleta de testemunhos e na preservação do local, enquanto os peritos, muitas vezes pertencentes a outras instituições ou a outro setor da própria polícia, focam na análise criminalística dos elementos encontrados no local. Esse arranjo, embora possa sugerir alguma ordem, na prática introduz barreiras à comunicação e à coordenação eficaz, retardando o processo investigativo e comprometendo a qualidade da investigação. Essas divisões afetam negativamente a otimização do processo investigativo, que funcionaria melhor com uma comunicação imediata entre todos os agentes da investigação.

Quando as informações e indícios são colhidos no local do crime, incluindo elementos materiais e imateriais, eles são inicialmente tratados pelos investigadores e peritos responsáveis. Após a coleta, essas informações são encaminhadas à delegacia responsável pelo caso. No entanto, devido à diversidade de profissionais envolvidos, os dados chegam em diferentes formatos e modelos, refletindo as distintas abordagens de investigadores e peritos.

Esses dados são, então, recebidos e analisados pelos delegados, que determinam as providências subsequentes. Posteriormente, as informações são encaminhadas ao cartório, onde os escrivães são encarregados de registrar formalmente os detalhes no inquérito policial. Embora estruturado, esse processo envolve diversas transferências de responsabilidade entre diferentes especialistas, cada um com seu próprio escopo de trabalho e métodos. Essa fragmentação pode resultar na perda ou distorção de informações cruciais, pois cada transição entre os profissionais pode diluir os dados originais. Além disso, os escrivães, responsáveis por consolidar as informações no inquérito, frequentemente não participam diretamente da coleta de dados em campo, o que pode levar a interpretações imprecisas ou incompletas.

Faltam processos de trabalho conectados lógica e metodologicamente, enquanto sobram divisões nas áreas e carreiras responsáveis. Não há coesão metodológica no percurso investigativo como um processo de trabalho, e o foco recai sobre as formas jurídicas do inquérito policial.

É fundamental repensar a alocação de recursos humanos dentro das polícias civis, especialmente no que diz respeito às atividades administrativas. A prática comum de alocar um grande número de policiais em tarefas burocráticas e instrumentais deve ser revista. Embora essas funções sejam essenciais para o funcionamento da organização, elas consomem uma parte significativa do tempo e da energia de agentes treinados para a investigação.

Defende-se, portanto, que apenas uma fração diminuta de policiais seja designada para as atividades político-administrativas, limitando-se àquelas de natureza estratégica e de planejamento e gestão de alto nível. Essa abordagem não apenas otimiza o uso da força de trabalho qualificada, mas também garante que o potencial investigativo e operacional dos policiais seja plenamente aproveitado nas áreas críticas. É legítimo e necessário que policiais com vasta experiência e profundo entendimento da dinâmica operacional façam parte da alta administração das forças policiais. Trata-se de policiais cuja trajetória pelas instâncias de base lhes propiciou uma visão madura e ancorada em conhecimentos de gestão, adquiridos inclusive em programas de educação continuada oferecidos pela própria polícia.

A presença desses policiais em cargos de decisão assegura que as políticas e estratégias estejam alinhadas com as realidades e desafios enfrentados pelas unidades finalísticas. A participação de policiais de todos os níveis na alta administração também contribui para desconstruir hegemonias prejudiciais e promover uma caracterização mais equilibrada do poder interno. Essa diversidade de perspectivas traz um valor considerável ao processo de tomada de decisões, equilibrando as demandas operacionais com as necessidades administrativas.

Portanto, a reorganização não visa apenas a eficiência operacional, mas também a valorização do capital humano, além da elevação do capital institucional das polícias civis brasileiras. Diante desse quadro, é preciso reestruturar cargos e carreiras, segundo uma clara orientação na dualidade servidor policial/servidor administrativo. Esse processo está intrinsecamente ligado à reformulação organizacional das polícias civis brasileiras. É fundamental uma abordagem que considere não só a eficiência e a eficácia das operações policiais, mas também o alinhamento das estruturas de carreira com os objetivos de modernização e eficácia operacional. O processo de reestruturação dos cargos e carreiras e a consequente reformulação organizacional formam a base para as discussões e análises aqui apresentadas. Tais proposições pretendem fornecer as bases para a implantação das mudanças, delineando os passos críticos para garantir que as reformas das carreiras e da organização não apenas ocorram em paralelo e se complementem mutuamente, conduzindo a uma melhoria substancial na capacidade institucional das polícias civis.

Reestruturação das carreiras

Os cargos policiais precisam de um realinhamento que reflita uma lógica de produção orientada pelo desenvolvimento de investigações técnica e cientificamente fundamentadas. Portanto, é essencial ressignificar a racionalidade sobre carreiras, tanto as estritamente policiais quanto as administrativas e funções derivadas de contratações. Uma distinção importante, muitas vezes negligenciada, é a diferença significativa entre os cargos típicos e os de apoio, sendo esta distinção um fator de fortalecimento institucional. No entanto, a polícia civil reparte suas competências e atribuições entre diversos cargos de natureza finalística, o que pode prejudicar a estabilidade real e simbólica das polícias civis, especialmente quando os conflitos entre pares se intensificam. Isso indica que tal fragmentação traz implicações significativas para a estrutura e eficácia da organização. Inicialmente, pode-se argumentar que uma correta adequação dos diversos cargos a processos de trabalho bem delineados e organizados ofereceria uma solução eficaz para a distribuição eficiente da força de trabalho e dos conhecimentos individuais. No entanto, os efeitos dessa multiplicidade de cargos são mais profundos e complexos.

A segregação de cargos finalísticos nas polícias civis — investigadores, escrivães, delegados, entre outros — representa uma fragmentação operacional que afeta o mandato institucional, cuja principal função é a investigação e o inquérito. Cada um desses cargos representa uma trilha de carreira própria, o que fragiliza a unidade doutrinária e executiva do ato investigativo, enfraquecendo o poder político desse mesmo mandato. Além disso, desvios de função ocorrem com frequência, provocando uma desordem no uso de habilidades e na alocação de recursos humanos.

Dado esse cenário, é necessário que os cargos policiais civis sejam caracterizados principalmente pela execução de atividades operacionais. O desenvolvimento da carreira, ancorado em educação continuada, deve incluir saberes sobre gestão como um acréscimo às habilidades operacionais. Policiais que cumpram critérios baseados em sua trajetória profissional devem ser aproveitados em funções estratégicas nos níveis de alta e média administração, garantindo que sua experiência e competência sejam utilizadas para fortalecer tanto a eficácia administrativa quanto a operacional.

As funções instrumentais devem ser atribuídas a pessoal de apoio, como ocupantes de cargos em comissão ou prestadores de serviços, além dos ocupantes de cargos administrativos. Estes são organizados com responsabilidades claramente definidas, distintas das funções investigativas. É crucial diferenciar as atividades finalísticas (ligadas diretamente à investigação) das atividades acessórias (instrumentais, de apoio à atividade-fim). Essas últimas envolvem atendimento, digitação, inserção, extração e organização de dados, emissão de documentos, entre outros afazeres de infraestrutura. Também seria adequado considerar a contratação de especialistas em alta gestão para assessoria estratégica e suporte a funções estruturantes, como as da área de tecnologia da informação. Essas funções devem estar sempre sob supervisão de ocupantes dos cargos policiais.

A estratificação entre atividades típicas e atividades meramente instrumentais é fundamental para maximizar a organicidade dos processos de trabalho, algo essencial para a eficácia das atividades de investigação e das funções auxiliares. A organização racionalizada do trabalho permite que cada tarefa seja realizada por profissionais cujas competências estão diretamente alinhadas com as exigências operacionais e administrativas, de forma complementar. Dessa maneira, a ação investigativa torna-se mais densa e pode evoluir de maneira sistemática, tanto em sua generalidade quanto nas especializações.

Os cargos em comissão também merecem uma caracterização detalhada e estrategicamente sustentada. Eles devem ser estruturados em níveis de complexidade e gestão — alta, média e baixa — e designados não apenas para gestão administrativa, mas também para apoio operacional e instrumental. Os cargos de alta e média gestão devem ser ocupados por profissionais capazes de planejar estratégias tanto para a atividade finalística quanto para a administração política das instituições policiais civis.

A eficiência organizacional é alcançada quando trilhas de carreira são projetadas de forma a alinhar as metas individuais com as necessidades institucionais. Isso envolve criar oportunidades para que os servidores policiais assumam responsabilidades que não apenas desafiem e expandam suas capacidades, mas também atendam a demandas críticas da organização. Por exemplo, a capacitação em tecnologias emergentes ou em técnicas avançadas de investigação pode ser parte integrante das trilhas de carreira, especialmente em áreas que enfrentam desafios complexos, como crimes cibernéticos, tráfico internacional ou crimes contra mulheres, idosos e crianças.

Para que uma trilha de carreira seja eficaz, ela deve ser integrada em um sistema que valorize tanto a especialização quanto a interdisciplinaridade. Poderia ser aplicada a chamada gestão por competências, em que a alocação de pessoas leva em consideração as habilidades adquiridas antes e durante a carreira do servidor. Além de fomentar o aprimoramento de habilidades específicas de cada função, também se deve incentivar o entendimento e a colaboração entre diferentes cargos. Promover essa integração é essencial para a eficiência organizacional, pois garante que o conhecimento e as habilidades desenvolvidas contribuam para os objetivos mais amplos das polícias civis.

As trilhas de carreira dentro das polícias civis devem ser flexíveis o suficiente para se adaptar às rápidas mudanças no cenário da segurança pública. Isso implica revisões periódicas dessas trilhas para assegurar que permaneçam relevantes e eficazes diante de novas realidades e desafios. Essa adaptabilidade não apenas mantém a força policial à frente das tendências criminais, mas também garante que a instituição continue resiliente e capaz de responder de maneira eficiente às demandas da segurança pública.

Além das carreiras policiais, as funções administrativas nas polícias civis são estruturadas em torno de cargos como auxiliares, técnicos e analistas. Essa variedade de carreiras e cargos, comparativamente maior do que em outros segmentos do sistema de segurança pública, requer uma análise cuidadosa para garantir que suas estruturas apoiem efetivamente os objetivos institucionais e respondam adequadamente às demandas de segurança pública.

Um dos principais impactos de um número excessivo de cargos é a fragilização de cada cargo ou a concentração do protagonismo em apenas alguns, gerando disputas internas por poder institucional. Essa fragmentação interna não só debilita a coesão entre os membros da força policial, mas também reflete negativamente a imagem da instituição perante outras entidades e a sociedade. Instituições com estruturas de carreira mais concentradas e menos fragmentadas tendem a apresentar maior robustez e credibilidade. Ao estabelecer trilhas de carreira claras e programas de formação bem estruturados, elimina-se a ambiguidade e a subjetividade nos critérios de promoção, alinhando-os com princípios constitucionais de objetividade e transparência. Esses critérios incluem o aumento da capacidade cognitiva por meio de educação continuada – além daquela exigida para o ingresso –, capacitações específicas, avaliações de desempenho baseadas em métricas de produtividade e assertividade, bem como responsabilidades assumidas em posições de liderança. O tempo de serviço, embora importante, deve ser ponderado em relação aos outros critérios para evitar promoções baseadas apenas na antiguidade.

A definição precisa de trilhas de carreira permite a implantação de capacitações específicas e adequada estratificação das áreas de conhecimento, avaliáveis segundo percursos de aquisição de saberes. Isso facilita a certificação dinâmica dos servidores, como feito pela nova Lei Orgânica das Polícias Civis, que criou o cargo de Oficial Investigador de Polícia, habilitado, em tese, para o exercício de funções críticas como analista de inteligência, dentre outras.

A nova Lei Orgânica das Polícias Civis, apesar de suas lacunas, traz um avanço significativo ao propor uma estrutura de cargos que distingue claramente quem preside o inquérito policial (delegados) de quem realiza as demais atividades de investigação (oficiais investigadores). Neste ponto, concordamos com essa divisão, pois, diante da estrutura atual das polícias civis e com as devidas adaptações, pode vir a ser um modelo mais eficaz do que o existente. A adequação à noção de trilha de carreira proposta vai além dos cargos, focando nas funções a serem exercidas. No modelo atual, as funções estratégicas, como a direção de inteligência, são exclusivas de delegados. No entanto, com a adoção das trilhas de carreiras, essa função poderia ser exercida por qualquer policial que tenha a qualificação necessária, independentemente do cargo que ocupe. Por exemplo, a função de diretor de inteligência, atualmente praticamente restrita aos delegados, no futuro, poderá ser ocupada por qualquer policial civil que demonstre ter a qualificação necessária para o exercício dessa função. Essa mudança promoverá a meritocracia e o desenvolvimento contínuo dos profissionais, garantindo que as funções estratégicas sejam ocupadas pelos mais capacitados. Dentre os benefícios trazidos pela implementação das trilhas de carreira, as polícias civis poderão alocar seus recursos humanos de maneira mais eficiente. Funções específicas serão ocupadas por profissionais altamente qualificados, o que aumentará a eficácia das operações.

A implementação de trilhas de carreira também incentiva a educação continuada e a especialização dos policiais. Isso não apenas melhora as competências individuais, mas também fortalece a instituição como um todo. Elas permitem, ainda, que as polícias civis se adaptem rapidamente às mudanças no cenário da segurança pública. Revisões periódicas das trilhas assegurarão que elas permaneçam relevantes e eficazes. Embora existam resistências corporativas à mudança, a adoção de critérios claros e transparentes para a ocupação de funções estratégicas pode ajudar a superar esses obstáculos. A meritocracia será a base para as promoções, garantindo que as funções sejam ocupadas pelos mais qualificados. Dessa forma, ainda que existam pontos específicos da nova Lei Orgânica das Polícias Civis que não tenham trazido inovações capazes de reorganizar a governança em torno dos aspectos tratados ao longo deste livro, reforçamos, no que diz respeito à estrutura de cargos, nosso apoio ao modelo proposto pela nova Lei Orgânica das Polícias Civis.

Novo desenho organizacional

É necessário reconhecer que a estrutura organizacional das polícias civis apresenta problemas. Diante dos argumentos aqui apresentados, um novo desenho político-organizacional é uma condição essencial para qualquer tentativa de inovações institucionais e fortalecimento da coesão interna dessas organizações. Esse novo desenho deve abranger tanto as estruturas políticas e administrativas quanto as posições operacionais. A alta e a média administração devem se caracterizar como o núcleo de coordenação política, organizacional e operacional. As repartições de base precisam se aproximar radicalmente das esferas superiores. Isso implica superar práticas e culturas institucionais obsoletas e conservadoras, estabelecendo uma ponte de comando eficaz que represente as instituições policiais civis não apenas na arena política, mas também supervisione sua atuação técnico-operacional, coordenando cientificamente os movimentos de investigação criminal no tempo e no espaço de um determinado território (no caso, os estados federativos).

A tradição fragmenta os patamares da alta e média administração e, consequentemente, a conexão destes com os espaços de execução finalística da base. É vital construir uma concertação entre essas instâncias, de maneira a horizontalizar as relações, tanto no que se refere às macropolíticas institucionais quanto à administração *stricto sensu* de todos os processos de trabalho finalístico, em uma dialética de permanente retroalimentação e construção de informações gerais e específicas. Essa orientação confronta o mencionado modelo "quase-militar", que, de forma sub-reptícia, afeta as polícias civis.

Em razão das formas jurídicas, as delegacias de ponta, onde se exerce efetivamente a chamada Polícia Judiciária e a apuração das infrações penais (expressões da Constituição, das leis e doutrinas do Direito), estão ligadas ao conceito de jurisdição, instituto pertinente apenas a juízes e membros do Ministério Público. O delegado de polícia, propriamente dizendo, não tem jurisdição. Ele atua, repita-se, em conjunto com uma jurisdição definida pelas leis de organização do Poder Judiciário, que se aplicam, reiteramos, apenas a juízes e promotores. Isso significa que não existe o chamado "Delegado Natural", como ocorre com o juiz e o promotor naturais, cujo poder é rigorosamente adstrito a uma fração do território demarcado pelas comarcas. Portanto, o delegado de polícia – e sua equipe – tem, em tese, capacidade de atuação legal em qualquer ponto do território. Ele estará limitado apenas pelas normas de organização interna, onde o trabalho investigativo é distribuído conforme uma racionalidade administrativa própria da polícia. Dentro dessa racionalidade, está a clássica divisão entre delegacias de território e delegacias especializadas.

As polícias civis, por meio de seus delegados e demais operadores da investigação, podem atuar em quaisquer jurisdições dentro do respectivo território. Isso normalmente ocorre com as delegacias especializadas, para as quais os regulamentos (decretos, resoluções, portarias) conferem competência para apurações abrangentes em todo o território. A limitação de um delegado e sua equipe a um determinado território municipal (às vezes com cidades adjacentes) é de cunho administrativo, e não processual penal. É muito comum que delegados de uma circunscrição exerçam funções, por substituição, em localidades de comarcas diversas. Isso não invalida sua atividade do ponto de vista legal. Geralmente, a atuação é respaldada por uma designação oficial de um superior hierárquico.

Disso decorre que há, em tese, uma grande flexibilidade no emprego dos funcionários e na movimentação para os empenhos investigativos. Esse traço distintivo fomenta uma discussão mais profunda sobre a configuração das competências policiais por meio de um "espelhamento" do modelo judiciário. A pergunta seria: há outra forma de instituir as unidades policiais de investigação? De fato, é possível conceber outro arquétipo para a distribuição de competências/atribuições por, digamos, agências de investigação espalhadas pelo território. Nesse caso, a noção de "especializadas" poderia sofrer mudanças mais profundas, tornando-se instâncias matriciais de alçada, ou seja, unidades destinadas a fomentar saberes e práticas a serem difundidos pelos territórios, conforme as características criminogênicas de cada um. Se um determinado território, coberto por uma agência específica, tem proeminência de um ou mais tipos de delitos, ele receberá permanentemente aportes de saberes e conhecimentos a respeito. E, em casos de maior gravidade, segundo protocolos próprios, poderá dispor de apoio operacional de recobrimento, com itens móveis de infraestrutura material e pessoal.

O modelo vigente se aproxima mais da ideia de dedicação do que propriamente de especialização. De fato, temos delegacias dedicadas à investigação de certas modalidades de crime. As polícias civis instituem suas delegacias especializadas em razão da tradição, do agravamento circunstancial de determinada categoria criminosa e, em boa medida, também por pressões fisiológicas de natureza política. Reconhecendo, em parte, a legitimidade dessas motivações, é interessante discutir o sentido íntimo da especialização.

As delegacias especializadas nas polícias civis possuem características que as diferenciam substancialmente das delegacias territoriais, especialmente no que diz respeito aos recursos disponíveis e ao papel que desempenham no sistema de segurança pública. As especializadas geralmente dispõem de mais recursos logísticos, tecnológicos, financeiros e de pessoal. No entanto, é importante ressaltar que, devido à extensão territorial dos estados, são as delegacias territoriais que estão mais próximas dos fatos e da realidade local. A interlocução entre territorialidade e especialidade é, portanto, essencial para uma atuação mais eficaz e integrada das polícias civis.

Em linhas gerais, é justo dizer que a especialização exige um mergulho nas qualidades intrínsecas do respectivo objeto. Sob uma perspectiva de maior rigor técnico, não é exatamente o que ocorre nessas delegacias. Claro que o manejo ordinário do tema acaba por gerar, entre os operadores, um conhecimento espontâneo que pode ser eficaz. O que se observa é que a implantação das delegacias especializadas ocorre em cidades de maior porte, enquanto as delegacias de território assumem competências mais genéricas nas demais localidades. Em cidades de menor ou médio porte, em regra, as delegacias de território funcionam em regime de "clínica geral". Em casos de grande repercussão, as especializadas são designadas para apoiar ou assumir investigações nas delegacias de território. Ainda assim, isso costuma ocorrer mais em termos de aportes de infraestrutura e incremento de pessoal.

Essas reflexões não desestimulam a existência de delegacias especializadas, mas sugerem mudanças quanto à natureza e ao emprego operacional dos saberes e das próprias unidades especializadas. A figura 4 (veja no capítulo 4) apresenta, como uma representação matricial, as "ações especializadas" no mesmo nível das unidades territoriais ou "de base". Essa visão topológica indica a concepção de acirramento qualitativo da ação especializada nas polícias civis. A ideia é que existam núcleos especializados na produção do saber e dos protocolos típicos de cada modalidade criminal. Esses núcleos ficariam no âmbito do CDCI e teriam, de fato, unidades operativas correspondentes nas capitais e cidades-polo. Os núcleos produziriam e difundiriam saberes de forma dinâmica, estabelecendo protocolos de ação conforme cada modalidade. Além disso, promoveriam cursos e capacitações para os operadores das unidades de base territorial. A análise criminal indicará os perfis de cada território e, por consequência, propiciará a constante capacitação de seus operadores, de acordo com a realidade local.

Em outras palavras, a característica fundamental das delegacias especializadas é a capacidade de gerar metodologias de atuação de forma contínua, capacitando permanentemente o pessoal das delegacias territoriais. Por meio de núcleos especializados, essas delegacias podem desenvolver e difundir protocolos de ação, além de promover cursos e capacitações que elevem o nível de especialização dos operadores nas delegacias de base territorial. Essa transferência de conhecimento é vital para que as delegacias territoriais possam agir com maior competência e eficiência em seus respectivos territórios, garantindo que os policiais estejam sempre atualizados e preparados para enfrentar os desafios específicos de suas áreas de atuação.

Reforçando o argumento, nada disso exclui a existência e a atuação de unidades especializadas. É claramente o caso das unidades dedicadas à investigação de homicídios ou de crimes contra a mulher. Tudo depende de um dimensionamento técnico que leve em conta a demanda, em suas dimensões quantitativa e qualitativa. As delegacias especializadas poderiam continuar a assumir casos mais complexos ou de grande repercussão. Em situações em que as delegacias territoriais, devido às limitações de recursos ou expertise, encontram dificuldades para conduzir investigações detalhadas, as especializadas podem assumir o controle dessas investigações. Esse mecanismo não só garante que casos complexos recebam a atenção necessária, mas também que as investigações sejam conduzidas com um nível de especialização que pode ser crucial para o desfecho positivo do caso. Dessa forma, a atuação das especializadas complementa e fortalece o trabalho das delegacias territoriais, garantindo que os casos de maior complexidade sejam tratados com a devida competência técnica.

Em suma, a complementaridade entre delegacias especializadas e territoriais é fundamental para o fortalecimento das polícias civis. Essa integração garante uma resposta mais coordenada aos desafios da criminalidade, promovendo uma atuação policial mais eficiente e abrangente. Além disso, essa mudança estrutural contribuiria para a superação dos "feudos" informacionais, onde o conhecimento é retido e não compartilhado.

CAPÍTULO 6

A DISTINÇÃO ENTRE INVESTIGAÇÃO E INQUÉRITO POLICIAL

A literatura disponível no campo dos sistemas de segurança pública e justiça criminal é vasta e apresenta achados importantes, decorrentes de pesquisas realizadas nos últimos 30 anos. Um dos temas recorrentes é o inquérito policial. Submetido a uma crítica radical, especialmente por uma tradição estabelecida por Kant de Lima (1995, 1999), ele é, como afirmado anteriormente, um instrumento central nas reflexões aqui desenvolvidas. A questão do inquérito será tratada adiante, mas, antes disso, é preciso estabelecer uma diferença crucial: investigação e inquérito são domínios distintos. Pode parecer óbvio, mas a cultura jurídica torna essa fronteira nebulosa. Numa visão naturalística, a investigação é o ato de apurar fatos criminalmente relevantes, em princípio segundo uma determinada orientação metodológica. Diz-se "em princípio" porque a ideia de método não é a tônica dos "saberes" policiais. Aliás, é, quando muito e eventualmente, uma prática residual do senso comum, numa circunstância quase inconsciente dos operadores.

O fenômeno decorrente dessa obscuridade de fronteiras é o sequestro da investigação pelas formas jurídicas. Em outras palavras, a investigação é tradicionalmente pautada pelas formalidades típicas do processo penal. Aqui, não se critica substancialmente a necessidade das formalizações, mas sim o desenho clássico desse imperativo numa determinada ortodoxia das práticas cartoriais e ritualizadas. Historiografias apontam o incipiente Poder Judiciário brasileiro, ainda nos tempos do império, como origem das polícias civis. Isso estava centrado na figura do delegado de polícia, função primitivamente exercida por magistrados. Assim, as convenções e ritos do direito acabaram por influenciar fortemente o desenvolvimento posterior das polícias investigativas. De fato, ao se falar de inquérito policial, o que se percebe é a clara semelhança de linguagem (aqui, linguagem como processo de comunicação em geral) com modelos jurídico-processuais anteriores à república, como os chamados autos de devassa. A comparação pode parecer exagerada, mas é plausível.

Ao se pensar em termos da expressão recognitiva de um fato, não é difícil admitir que a dualidade investigação/inquérito se revela num idioma anacrônico, considerando aqui todos os sentidos linguísticos, sem mencionar o burocrático, assistemático e moroso "sistema" apuratório. Como já argumentado, a demonstração cabal da conformidade jurídica dos atos necessários ao empenho investigativo é uma condição *sine qua non*, mesmo considerando as inovações no ordenamento jurídico da pós-modernidade. O maior problema está no que pode ser definido como uma "dependência metódica" da investigação pelas formalidades jurídicas. São as formas jurídicas que pautam a investigação, e não os atos investigativos que se adequam à lei. Os atos investigativos ficam à espera da consumação de ritos jurídicos; ficam alheios a uma metodologia própria, em tese aplicável desde as mais diversas disciplinas científicas. A própria organização documental da investigação pode ser submetida a parâmetros da biblioteconomia, enquanto uma dessas disciplinas. Este é um dos aspectos em perspectiva numa nova modelagem da atividade investigativa em sentido estrito.

A questão da investigação policial

Por tudo isso, a investigação acabou estagnada, presa às qualidades idiossincráticas de seus operadores, qualidades essas atreladas à ideia de intuição, tirocínio, esperteza e, como é comum ouvir, faro. Obviamente, esses atributos são essenciais e se impõem como energias primárias para a construção de hipóteses, teses e definições metodológicas, como ocorre em qualquer atividade de pesquisa científica. Essa estagnação segue como elemento central na cultura da polícia de investigações (e se espalha entre os agentes das organizações e instituições adjacentes), mesmo com a utilização contemporânea de inovações tecnológicas, ferramentas de informação e algoritmos capazes de facilitar a decifração de enigmas pontuais no curso investigativo. Contudo, a disfunção decorre da ausência de um método aplicado aos procedimentos investigativos.

O obsessivo apego às místicas do saber intuitivo resulta na sistemática rejeição da ciência como guia da investigação, exceto naquilo que se define como atividade pericial (estas vinculadas às ciências naturais e exatas, vistas numa perspectiva "laboratorial" e de "certeza"). As polícias civis não desenvolveram um saber próprio, que pudesse ser formalizado a partir de leituras capazes de promover arranjos entre instrumentos das ciências em geral (engenharia de produção, lógica, linguística, análise do discurso, entre muitas outras disciplinas) e os requerimentos espontâneos de cada caso sob apuração. Um argumento recorrente dos operadores é o estereótipo: "cada caso é um caso e, por isso, não há como submeter a investigação a qualquer roteiro predeterminado". Essa idiossincrasia demonstra certa incompreensão do método científico ou, no máximo, revela uma percepção meramente dogmática e positivista acerca das aplicações do método científico na investigação policial.

Essa imobilidade procedimental fortalece a dependência do ritmo inquisitorial do inquérito e induz os operadores da investigação a crenças, mitos, voluntarismos e autoglorificações pela posse de "habilidades ocultas" no esclarecimento de casos. Embora muito menos grave do que no passado, o uso de forças extralegais para a obtenção de informações também é uma consequência danosa sob todos os pontos de vista, pois representa um choque contra o processo civilizatório e corrói a legitimidade democrática das instituições policiais ao ferir os direitos humanos.

Sendo evidente que a investigação criminal pode ser comparada a qualquer outro trabalho de pesquisa, independentemente do campo científico considerado, não se pode, em contrapartida, negligenciar a noção do inquérito como um instituto jurídico, ainda que de cunho administrativo, o que, de fato, ele é. De qualquer modo, o inquérito policial possui uma condição excepcional: representar um ato de força, um ato imperativo das responsabilidades estatais, exigido e autorizado pelo Direito. Portanto, a investigação precisa se justificar conforme a lei, no caso, a lei democrática, que impõe ao Estado o uso da força contra os delitos. Isso decorre dos postulados clássicos do liberalismo político, que se baseia, entre outros pilares, na ideia de legitimidade estatal para a utilização da coerção, neste caso, em face da violência e da criminalidade. Do ponto de vista estritamente jurídico, vale citar o enfoque doutrinário a seguir.

> O investigado possui direitos, e deve persegui-los, entre os quais o direito de fazer prova por meio de interceptação de dados e telefônica com autorização judicial e auxílio da autoridade policial. Os instrumentos de prova à disposição do administrador devem ser utilizados tanto para demonstrar a culpa quanto para provar a inocência, ou seja, se prestam para buscar a verdade. [...] Primeiramente cumpre assinalar que não é correta a afirmação de que o objetivo do inquérito policial é o de fornecer elementos indiciários para que o Ministério Público possa dar início à ação penal. Essa visão possui dois gravíssimos defeitos: o da parcialidade e o de desmerecer a autonomia da autoridade policial. É uma visão parcial porque parte do princípio de que o investigado é culpado. Desmerece a autonomia da autoridade policial, cuja função não é a de, com o inquérito, fornecer subsídios para a acusação, mas, sim, de investigar os fatos para descobrir a verdade. (Medeiros, 2019)

Ainda que a noção de verdade seja um problema filosófico relevante, é fato que o Direito brasileiro se baseia na chamada "verdade real". Esse pleonasmo até pode ser bem justificado na doutrina jurídica, pois se contrapõe a outros sistemas legais, como o dos Estados Unidos, que admitem negociações entre as partes no dimensionamento da culpa criminal em sentido estrito. Nesse tipo de sistema, tal dimensionamento tem uma índole econômica e aceita, com ressalvas, compensações de natureza moral ou até financeira, em troca de adequações consensuais da pena.

Em tese, e a despeito de seu caráter jurídico, a investigação policial está aberta ao método científico, a um método homologado pelos cânones da pesquisa, mas construído de modo aplicado. É sintomático constatar que disciplinas como a lógica, por exemplo, não são oferecidas nas academias das polícias civis, muito menos em um contexto aplicado, isto é, em uma construção dinâmica, evolutiva e contextualizada do que poderia ser denominado como "teoria geral do ato investigativo". Esse seria o ponto de partida para versões subjacentes de investigações cujos objetos variem em qualidade intrínseca. Uma teoria geral permitiria, sem perda de integridade, o estabelecimento de padrões metodológicos para crimes de diferentes naturezas, como os praticados contra a vida ou os caracterizados por fraudes eletrônicas, por exemplo. As polícias civis, ao desenvolverem pesquisas sobre si mesmas no âmbito de suas escolas, teriam vastos campos para a construção de rotas procedimentais concebidas de acordo com as diferentes fenomenologias criminais. Disciplinas como Análise do Discurso, Psicologia, Antropologia Cultural, entre outras, podem ser fontes de compreensão e organização do procedimento investigativo.

A (re)construção do ato investigativo à luz desses conhecimentos pode garantir maior impessoalidade na prática dos atos de força. Saberes dessa natureza tendem a fortalecer as aspirações de "neutralidade axiológica" do operador, proporcionando uma compreensão fundamentada das subjetividades das pessoas envolvidas, a percepção de ingredientes linguísticos nas trocas informacionais, a condição socioeconômica subjacente ao cenário do conflito violento sob investigação e, enfim, uma gama de possibilidades para libertar-se das posturas idiossincráticas já mencionadas, geralmente alimentadas por um *ethos* persecutório. Isso representa uma abordagem orientada pela criminologia, que pode qualificar a investigação como elemento de convicção, tanto para fins do processo punitivo quanto para subsidiar políticas de administração da segurança pública.

Em outras palavras, a investigação, ao se aprofundar numa realidade, encontra uma gama de condições sociopolíticas e econômicas, todas passíveis de tratamento enquanto informações relevantes para a atuação mitigadora de governos e sociedade. Seria necessário introduzir, no procedimento investigativo, rotinas para qualificação do ambiente criminogênico e de seus protagonistas (autores, vítimas, testemunhas e outras partes interessadas, como vizinhanças). Isso poderia ser pactuado utilizando-se parâmetros do Instituto Brasileiro de Geografia e Estatística (IBGE), entre outros órgãos congêneres.

Com esse traço criminológico e considerando as possibilidades futuras de novas práticas no processo punitivo, a investigação abriria condições para certos tipos de negociação jurídica entre as partes, sob supervisão do Poder Judiciário e homologadas por ele. Nessa linha de argumentação, é ilusório acreditar que o incremento tecnológico, por si só, seja uma alternativa às práticas tradicionais da investigação. O que se pode afirmar sobre as novas tecnologias é que houve alguma mudança quantitativa na realidade atual, com a oferta de "algoritmos capazes de facilitar a decifração de enigmas pontuais do curso investigativo", como mencionado anteriormente. No entanto, quase sempre essas novidades são mobilizadas por agentes que têm proximidade com o manejo da tecnologia em suas vidas pessoais, e poucas vezes resultam de políticas estruturantes das polícias. Quando muito, são aquisições de ferramentas "de prateleira", de capacidades muito pontuais, cujo uso não se insere na noção abrangente do ato investigativo enquanto complexidade procedimental.

É necessário evitar certo fetichismo em torno da tecnologia. Ela não é o princípio, nem o fim, mas um meio. Embora possa sugerir ou estimular processos de reconceituação de práticas de trabalho ou mesmo concepções principiológicas sobre determinados serviços ou instituições, ela depende da criatividade humana, das condições sociais de produção de ideias, de políticas e de desenhos organizacionais. Isso se aplica tanto à esfera privada quanto à pública.

A investigação pode ser definida segundo uma engenharia de produção. Produção, neste contexto, refere-se ao ato investigativo e representa o objetivo de ser concebida como um percurso metódico. Não se trata de estabelecer roteiros axiomáticos do trabalho investigativo, orientados pelas disciplinas científicas, mas sim de definir modelos que possam guiar a abordagem sobre a realidade observada. Como já afirmado, modelos derivados de uma teoria geral da investigação, em contraponto à mística do tirocínio, podem ser a base de inovações de fundo qualitativo e conteudista, levando à aplicação adequada de ferramentas e soluções tecnológicas.

O Direito Penal vê o crime como a expressão de uma autoria e sua consequente materialidade, definindo que a demonstração eficaz do fato a ser apurado se dá pelo adequado enlace entre essas duas noções. Vale destacar que a ideia de autoria, que inicialmente se refere ao protagonista da ação criminosa, pode ser mais bem compreendida se considerarmos as subjetividades determinantes da reconstrução descritiva dos fatos sob investigação. Da mesma forma, o Direito sustenta a ideia de nexo de causalidade, afirmando que a repercussão física de um comportamento criminoso só se explica pela coerência com o comportamento apurado. Sendo um nexo de natureza essencial, é preciso encontrar os caminhos descritivos que expliquem a imbricação dialética entre o agir e seus efeitos imediatos no mundo físico. Essa dialética exige modelos descritivos inovadores e, particularmente, formas não jurídicas de expressão documental.

Esse aspecto desafia, de certa forma, os modelos jurídico-formais de apropriação das evidências materiais de um crime em prol de uma investigação eficaz. A noção mistificada da perícia como uma atividade isolada, capaz de se afirmar exclusivamente pela extração de características físico-químicas de corpos (humanos ou não), prejudica métodos de diálogo imediato entre investigadores de diferentes áreas. Nesse contexto, a tradição processual penal se dá pela "quesitação", geralmente por escrito e por canais burocrático-formais, em que "a investigação" indaga "à perícia" se o objeto questionado apresenta determinadas características, com o objetivo de demonstrar o nexo de causalidade ou, quando isso não ocorre, abrir caminhos para garantir a conexão racional entre esses polos. Perceba-se: mesmo que de forma sutil, opera-se aí uma separação lógica entre investigação e serviço pericial.

Ainda que, em termos de organização pública, não se deva afirmar que a existência de uma "polícia científica" (como propõe a Proposta de Emenda Constitucional já citada anteriormente) inviabiliza a investigação, parece mais produtivo e profundo que essa dialética do perguntar e responder ocorra de forma direta no mundo real. Isso sugere que as expertises da investigação, sejam as da perícia sobre objetos físicos (materialidade), sejam as da especialização nos levantamentos de subjetividades (autoria), se entrelaçariam com mais eficácia (rapidez e desburocratização) em um procedimento metodologicamente controlado pelo ato investigativo. Nesse caso, as observações dos profissionais, independentemente da especialização de cada um, se conformariam a protocolos racionais de perguntar e responder já nas cenas imediatas dos crimes.

Perguntas e percepções de nuances sobre cenas reais podem e devem ser convertidas em um diálogo colaborativo que aumente exponencialmente a qualidade do projeto elucidativo. É óbvio que muitos desses materiais necessitarão de exames laboratoriais, com diferentes níveis de complexidade, geralmente fornecidos por instrumentos tecnológicos de ponta. Esse é o caso dos exames de DNA, por exemplo. É importante observar que muitos resultados dessa última classe, em vez de fornecerem um esclarecimento definitivo, podem oferecer conclusões que servirão como pontes para outros passos necessários na investigação. Ao final, há um fluxo mais ou menos complexo, dependendo de cada caso, no vaivém entre levantamentos subjetivos e objetivos, que se alimentam mutuamente.

O problema do inquérito policial

Os esforços para superar a distinção entre investigação e inquérito policial são urgentes e fundamentais para uma lógica em que a investigação se configure como uma atividade pública que, inicialmente, se desdobra no mundo autônomo das ciências aplicadas, mas inevitavelmente converge para a conformidade com as exigências do Direito. Portanto, é necessário repensar o formato do inquérito, que pode ser reorientado conforme prescrições avançadas de uma economia bibliográfica, dando sentido e ordenação rigorosamente técnica ao conjunto documental, numa ótica de gestão de informações. E, evidentemente, esse instrumento deve ser executado com o auxílio de ferramentas tecnológicas.

Indo além das definições dogmáticas do Direito, é razoável afirmar que o inquérito pode ser visto como um título jurídico constituído pela coleção de documentos comprobatórios do empreendimento investigatório. Trata-se de um demonstrativo da cadeia de custódia das evidências materiais e imateriais, aqui vistas em seu sentido ampliado. Diz-se ampliado porque a cultura jurídica tradicionalmente entende como cadeia de custódia apenas a guarda sistemática de objetos físicos, sem estender esse conceito a objetos imateriais, como depoimentos e declarações de envolvidos (testemunhas, vítimas, autores). Contudo, é razoável e útil ampliar o conceito, dado que a preservação de narrativas também se impõe como uma prova da trama discursiva, inclusive com possíveis ardis dos implicados. A confrontação de depoimentos no decorrer do tempo e no espaço da investigação pode constituir um marco para inflexões na rota apuratória. As disposições individuais e as contingências coletivas do que é dito em um contexto investigativo apresentam contornos diferentes ao longo do tempo e do espaço. O que é dito em um momento da linha temporal pode não ser necessariamente o mesmo em outro.

É necessário considerar que o clima psicológico que cerca as ocorrências criminais frequentemente funciona como um "jogo de bastidores", em que prevalecem pressões, acordos espontâneos, versões negociadas, sentimentos passionais, entre outros elementos das relações interpessoais entre envolvidos e intervenientes. Por esse motivo, a custódia de depoimentos e declarações deve ser examinada ao longo da linha temporal de cada investigação, pois acabam por revelar pontos cruciais na reconstrução fiel dos fatos. De certa forma, essa determinação da realidade confronta, pelo menos em parte, o ideal de segurança e eficiência jurídica invocado na defesa dos modelos judiciais "reais" da investigação, que ocorre em sede de processo em sentido estrito (juiz de instrução ou promotor natural em posição acusatória desde o início).

Essa nova conformidade ao Direito precisa ocorrer sob uma perspectiva minimalista, basicamente para garantir que o ato de força ocorra com total convergência para os direitos fundamentais. A base jurídica primordial passa a ser o Direito Constitucional, e não o Direito Processual Penal, ainda que na perspectiva da produção antecipada de provas. Toda a força jurídica da investigação precisa estar efetivamente ancorada nos direitos e garantias constitucionais, especialmente os da esfera individual. O inquérito, como o suporte metodológico onde se registram os documentos comprobatórios dos resultados da investigação, também é o espaço institucional para a demonstração de que os atos de força ocorreram em aderência aos direitos e garantias individuais e, sobretudo, coletivos.

Em tópico anterior, foi abordada a diferenciação entre inquérito policial e investigação criminal. Essa separação é de cunho lógico e não contesta as determinações jurídicas que recaem compulsoriamente sobre a apuração das infrações penais. Como argumentado, a substância técnica e científica da investigação policial não se difere, em tese, dos parâmetros epistemológicos universais. Enquanto administração de um procedimento complexo, a investigação policial se diferencia apenas por ser um ato de coerção estatal. Por esse motivo, é necessário que demonstre, a cada passo de seu desenvolvimento, sua estrita adesão à legalidade. Nesse sentido, o inquérito policial se justifica como um instituto do direito administrativo e, em um horizonte material, do direito processual penal. Ele é o repositório das certificações de fé pública (segundo a definição jurídica), de modo a garantir que os atos de força ocorram sem violações dos direitos subjetivos individuais, inclusive e particularmente os dos autores de delitos.

Sob certos olhares sociológicos, o inquérito policial seria um instrumento politicamente opressivo, dado seu caráter aprioristicamente inquisitorial. Algumas exegeses jurídicas, aliás, bastante recorrentes, têm uma visão mitigada a respeito:

> O legislador optou pela adoção do sistema inquisitivo para reinar na fase de inquérito, devido ao fato da morosidade do sistema acusatório, podendo a máquina estatal perder elementos de provas que poderiam elucidar os fatos a serem apurados. [...] A Constituição Federal de 1988, estatuiu em seu corpo alguns direitos basilares para as pessoas que estão sofrendo algum processo judicial, dentre eles o do contraditório e da ampla defesa. Nesta toada, é de suma importância deixar consignado o que diz o inciso LV da Carta Magna: O Art. 5°, inciso LV, "aos litigantes, em processo judicial ou administrativo, e aos acusados em geral são assegurados o contraditório e ampla defesa, com os meios e recursos a ela inerentes". O referido texto legal após a realização de hermenêutica criteriosa poderá ser aplicado no inquérito policial, vez que este procedimento é um ato administrativo, um procedimento, e de acordo com o que o poder constituinte originário quis proteger, ou seja, evitar qualquer ato inquisitivo, o investigado/acusado poderá exercer o contraditório e realizar atos que o beneficie, atos de defesa (Santos, 2024).

Outra citação:

> O sistema do inquérito não é ruim. Sua inquisitoriedade, que é necessária para a colheita de provas, é compensada pela ampla defesa processual. O contraditório, com duas partes parciais e uma imparcial equidistante, é ineficiente

> para investigação (para descobrir novos fatos), mas é o sistema mais apropriado para se aproximar da verdade (para determinar se há prova ou não da hipótese acusatória). Um é ideal para investigar, outro para pôr à prova a hipótese sugerida pela investigação. O sistema de repressão penal brasileiro é composto de duas fases bem distintas. Em uma primeira, a do inquérito, são colhidas provas. Na segunda, a do processo, *as provas são colocadas à prova*. Na primeira fase prepondera o método inquisitivo. Na segunda, o acusatório, a contradição e a ampla defesa. Uma fase complementa a outra. É a maneira que encontramos de realizar os dois princípios fundamentais e constitucionais que devem vigorar no sistema repressivo processual: o da segurança e o da garantia. Não, definitivamente, não temos um sistema ruim. Não temos motivos para copiar sistemas alienígenas. É preciso parar de olhar para fora e ficar cogitando que novo sistema vamos adotar. Nosso sistema é melhor que o deles. (Medeiros, 2019)

É possível admitir que, atualmente, o inquérito policial perdeu parte de sua força inquisitiva, ainda que formalmente continue sendo classificado dessa forma. O que persiste de impróprio em sua vigência é uma clara obsessão ritualística, provavelmente impulsionada pelas pressões da tradição e pela necessidade de espelhamento com o processo judicial. É provável que esse conservadorismo advenha da busca frenética por semelhança com a magistratura, uma posição amplamente cultuada, especialmente pelos delegados de polícia. Fazer do inquérito um procedimento semelhante ao processo judicial seria uma maneira de garantir a fleuma simbólica e concreta do poder atribuído aos juízes.

As possibilidades de reversão desse quadro estão presentes. As convenções jurídicas parecem ceder às pressões espontâneas das relações interpessoais e interinstitucionais ao redor do mundo. Nesse sentido, a velocidade das inovações tecnológicas nos últimos 10 anos desempenhou um papel claro como indutor dessas mudanças. As contingências da pandemia exerceram fortes influências na mudança de hábitos e procedimentos no mercado e nas instituições em geral, com destaque para as públicas. A adoção do trabalho remoto foi, talvez, a mudança mais impactante. Como consequência, proliferaram-se inúmeros aplicativos facilitadores, aplacando as consequências do isolamento social. Dentre as mudanças notáveis, destacam-se as audiências parlamentares e judiciais realizadas de forma remota. Mitos e ritos das formalidades do mundo oficial sofreram impactos inevitáveis, o que resultou em um certo destravamento de restrições históricas, geralmente enraizadas em usos e costumes. O desenvolvimento de plataformas tecnológicas integrativas trouxe consigo inovações, como a consolidação da rede eletrônica nacional para o trânsito de correspondências oficiais, a homologação de certificações remotas sobre documentos sensíveis, a modernização desburocratizante dos cartórios de registros públicos, os processos judiciais eletrônicos, os inquéritos em meios virtuais registrados em máquinas de manejo inteligente de *big data*, entre outras inúmeras inovações aplicáveis na vida cotidiana de pessoas e corporações. Agora, por fim, temos a presença concreta da Inteligência Artificial (IA).

Este é um momento propício para criticar de maneira congruente o formato tradicional do inquérito, conforme os argumentos apresentados neste texto. Não se trata, aprioristicamente, de postular novas legislações, mas de partir de alguns pressupostos discutidos anteriormente e concluir que o inquérito, como um procedimento metaprocessual, está menos sujeito às formalidades ritualísticas características do processo criminal em juízo. Como já afirmado, ele é uma parte jurídica de caráter administrativo, destinada a descrever e certificar documentalmente os passos investigativos, cujas características são, por princípio, atos de coerção praticados pelo Estado. Também é um momento oportuno para refletir sobre as ideias que cercam o caráter inquisitorial do inquérito. É válido questionar se ele é suficientemente rígido para blindar-se contra as energias fundamentais da ampla defesa.

Objetivamente, seguem assertivas nesta direção:

1. O inquérito pode ser cientificamente reconstituído como um repositório documental orientado por fun-

damentos da biblioteconomia, isto é, por uma matriz procedimental qualificada pelos cânones da tecnologia da informação. Ele pode ser simplificado e adotar um formato físico amigável, baseado em mapas mentais, vídeos explicativos, fluxos e sínteses dos atos apuratórios.

2. O inquérito pode ser primordialmente enfatizado, na cultura jurídica, como um instrumento do direito constitucional e administrativo, condicionado pelas exigências formais — e não pelas formalidades ritualísticas — do direito processual penal e direito penal. Nesse caso, destaca-se a adequação típica, em tese, do comportamento sob apuração e, consequentemente, a custódia/perenização válida de evidências e provas (imateriais e materiais) antecipadas em relação ao processo judicial.
3. As oitivas de pessoas envolvidas (prováveis autores, vítimas, testemunhas e interessados) podem ser registradas por gravações (áudio e vídeo) e realizadas à distância da sede dos escritórios investigativos, em procedimentos resguardados por técnicas de consentimento e comprovação de conformidade com os direitos e garantias individuais e coletivos, sempre sob o manto do instituto da ampla defesa.
4. O delegado de polícia, enquanto coordenador científico e jurídico do ato investigativo, pode referendar os atos praticados remotamente por seus prepostos, desde que estes estejam na posse de cargo público (outros agentes da apuração), conforme as premissas do item anterior.
5. Essas oitivas, após gravadas, podem ser gerenciadas na sede do escritório investigativo à luz da gestão de dados e informações, sendo essa a essência da investigação em termos de sua coerência lógica. Assim, define-se se os passos seguintes envolvem avanços ou retrocessos em relação às hipóteses ou teses estabelecidas, ou se o encerramento da rota apuratória é o mais adequado.

6. A tradução das oitivas por meio de roteiros e tabelas sinópticas simplificadas e concludentes pode ser usada como forma de explicitação da essência do que foi apurado, enquanto as gravações são mantidas em custódia, anexadas ao inquérito para eventual necessidade de confrontação.
7. As conclusões investigativas poderiam ser apresentadas em um novo formato de relatório final, não apegado à ideia jurídica do indiciamento, mas como um parecer consubstanciado que, em linguagem técnica, utilize instrumentos descritivos ancorados em referências linguísticas avançadas.
8. Dessa maneira, o delegado pode melhorar sua posição na topologia dos agentes de investigação, adotando uma perspectiva de autoridade gestora da colaboração entre especialistas.
9. O inquérito simplesmente retrata o método investigativo, na forma de uma imersão direta na realidade, com oitivas e coletas de materiais físicos em tempo real, nos próprios cenários e territórios da rota investigativa.
10. O inquérito policial, baseado nas afirmações anteriores e expresso por meio de técnicas de comunicação com feição tecnológica, pode, ainda assim, registrar formas juridicamente válidas de demonstração da fé pública e conformidade legal. Isso levando em conta, sobretudo, a observância dos direitos individuais, com expedientes de consentimento livre e esclarecido pelos envolvidos, entre outras formas de garantir e demonstrar a legalidade dos atos investigativos, com certificações próprias.

Nas reflexões apresentadas aqui, acredita-se que inovações no par investigação-inquérito são possíveis à luz dos argumentos precedentes. Resistências no ambiente jurídico são esperadas em caso de tentativas de inovação, como as que serão descritas nas considerações finais deste trabalho. Entretanto, a convicção aqui exposta é que, observados procedimentos que claramente demonstrem a fé pública e a proteção radical dos direitos e garantias fundamentais, os atos investigativos podem ser transformados por meio de uma mudança profunda não apenas na economia do procedimento operacional, mas também na forma de sua formalização como documento oficial – o próprio inquérito. Tudo indica que essas resistências decorrem de uma cultura tradicional que estabeleceu "verdades" sobre o modelo organizacional e operativo das polícias civis, com todas as contradições e perspectivas aqui discutidas.

CONSIDERAÇÕES FINAIS

A modernização das polícias civis na sociedade brasileira, conforme defendida neste livro, passa necessariamente pela reversão do atual modelo de investigação criminal. Para essa reversão, será necessário formular e implementar uma política pública consequente. Não é uma tarefa simples, dado que afeta valores, crenças e práticas organizacionais. Subculturas existentes nas organizações, especialmente na esfera pública e, em particular, nos sistemas de segurança e justiça criminal, são formadas, na prática dos bastidores, por fatores que vão além das normativas formais. Pelo contrário, essas subculturas resultam de intrincadas tramas psicológicas, formadas por grupos espontâneos que se constituem a partir dos vácuos e fraturas da realidade institucional. Nesse sentido, elas frequentemente se desviam de leis e regulamentos. Esses grupos emergem de interações internas e externas, em uma perspectiva que oscila entre o antagonismo e a cooperação entre pares. Jogos políticos, disputas e convergências são moldados pelas conjunturas e pelos interesses dinâmicos desses grupos.

Um elemento decisivo nesse cenário é o poder de ditar a hermenêutica jurídica, cuja palavra final pertence aos tribunais.

Em casos controversos, prevalecem os ditames interpretativos dos magistrados, geralmente forjados nas relações com as chamadas funções essenciais da justiça, como a advocacia e o Ministério Público. Essa observação é relevante, pois as mudanças na burocracia cartorial do inquérito e a remodelagem técnica da investigação podem cair no limbo de um conservadorismo perceptível no mundo jurídico. Isso sem mencionar a própria resistência no âmbito das polícias civis, sobretudo entre os delegados. Embora com menor capital social, esses últimos também possuem alguma interlocução nas esferas judiciária e legislativa, ainda que sejam, em parte, vistos na comunidade jurídica como bacharéis de segunda classe.

É importante registrar, como antecedente das questões levantadas, que estão ganhando força as ideias a favor da implantação de um sistema em que as investigações sejam dirigidas e controladas por representantes do Ministério Público. Esse é o sistema que os juristas chamam de sistema acusatório real, proposto no projeto de reforma do Código de Processo Penal, atualmente em trâmite lento no Legislativo.

Ainda nessa direção, as discussões sobre as estruturas criptoautoritárias das polícias civis são aceitáveis e absolutamente pertinentes. Contradições internas e problemas de coesão precisam ser enfrentados com coragem por essas organizações, em um esforço qualificado de autocrítica, fortalecendo fundamentalmente as noções meta-jurídicas da investigação. Isso pode trazer à luz a absoluta permeabilidade do ato investigativo a inúmeras disciplinas de todo o espectro epistemológico. A apuração de comportamentos criminosos não se dá apenas pela intuição e bom senso, que são pontos de partida. A investigação criminal é um processo lógico que deve se conformar a metodologias abertas aos saberes e aplicações das ciências humanas e sociais.

Colocar a investigação criminal em debate no contexto democrático do Estado pressupõe compreender a complexidade transdisciplinar de um procedimento sujeito a métodos aplicados. A investigação se realiza a partir de uma perspectiva transversal sobre o fenômeno criminal em sua plena expressão naturalística. No crime, a dependência causal entre o comportamento humano (o agir, com suas incontáveis características e motivações) e sua repercussão objetiva no mundo físico (a consequente materialização desse agir) é insuperável. Essa dependência, um dado da espontaneidade da vida, precisa ser melhor discutida e problematizada, com balizas da epistemologia que se entrelaçam ao longo do curso das ações investigativas. Os guetos institucionais que distorcem e mistificam a realidade não servem aos propósitos de um sistema que objetive promover justiça em sentido amplo. Assim, é prudente e oportuno repensar a investigação criminal como uma atividade que não tenha o processo penal como finalidade exclusiva. O inquérito policial (ou qualquer outro nome que se lhe dê) deve se livrar de seu caráter burocrático e cartorial, funcionando como um otimizador na coleta de documentos comprobatórios da regularidade jurídica dos atos investigativos.

Reflexões democráticas sobre a investigação criminal, capazes de garantir e promover direitos fundamentais, só são possíveis quando se coloca em debate a reconceituação de institutos jurídicos e mecanismos técnicos que a caracterizam historicamente, revisitando os modelos políticos da imbricação entre governo e estruturas institucionais de investigação no país. Esse esforço exige, numa perspectiva jurídica emancipatória, alguma forma de autonomia das polícias investigativas — obviamente, um modelo distante do regime político-jurídico da independência, cabível apenas na lógica montesquiana. Autonomia, aqui, significa um distanciamento definido dos interesses sectários que se infiltram nos governos, sem, no entanto, insubmissão ao controle administrativo dos próprios governos e, fundamentalmente, da sociedade civil (Luna Moureira; Barreto Júnior, 2024).

A nuvem ideológica que paira sobre os sistemas em discussão é densa, dinâmica e fortemente constituída pelos interesses corporativos de juízes, procuradores, promotores, advogados e, inclusive, policiais, especialmente os delegados, como já mencionado. Há disputas intensas envolvendo posições, prestígio e poder em jogo. Tudo isso resulta em uma certa estagnação dos sistemas, que continuam frouxamente articulados – uma expressão consagrada em inúmeros estudos sociológicos. Para os efeitos da discussão em curso, isso significa uma esperada resistência a mudanças no modelo de investigação e na formalização documental da investigação.

Em estudo recente sobre o projeto intitulado *Delegacia Modelo*, parcialmente executado pela Polícia Civil de Minas Gerais entre 2014 e 2015, constatou-se que experiências inovadoras e pioneiras de investigação não foram suficientes para reconfigurar elementos da cultura tradicional da organização (Batitucci; Zilli; Figueiredo, 2021). A iniciativa caracterizava-se pela tentativa de superar o modelo organizacional-cartorial-burocrático que historicamente molda a repartição de funções em uma delegacia, modificando o processo produtivo da investigação e do próprio inquérito policial. O projeto se baseou em princípios e inovações, resumidos da seguinte forma:

a) Delegacia com espaço físico aberto, compartilhado por todos os servidores, independentemente da posição hierárquica. O objetivo era criar um ambiente de cooperação moral e dar homogeneidade, em tempo real, ao grupo investigativo e seus procedimentos executivos.
b) Implementação de um modelo hierárquico baseado na eficiência do itinerário das apurações, sem cultos personalistas.
c) Facilitação do trânsito e processamento técnico de dados e informações produzidos ao longo dos esforços investigativos.
d) Permissão para a imediata deflagração do ato investigativo no momento do registro da respectiva ocorrência, com o deslocamento de toda a equipe (delegado, perito, investigadores e escrivão) ao local primário do evento.
e) Manutenção, na sede física da delegacia, de um forte aparato tecnológico para a gestão de dados e informações, com um policial (investigador) capacitado no manejo de softwares e aplicativos especialmente customizados para o tratamento de informações em tempo real, utilizando ferramentas de comunicação direta com o pessoal em campo.

O projeto Delegacia Modelo não teve fôlego para se afirmar política e culturalmente nos ambientes da Polícia Civil de Minas Gerais. As resistências internas, especialmente dos estamentos da alta hierarquia institucional, foram recalcitrantes. O projeto teve início em meados de 2014, com o apoio da então direção superior da polícia. Contudo, em janeiro de 2015, com o advento de um novo governo estadual, a nova direção rejeitou o projeto, basicamente sob o argumento (não baseado em avaliação técnica) de que se tratava de uma iniciativa "teórica, sem bases na realidade". Na época, o novo governo optou por nomear dirigentes com o chamado "perfil operacional", um clichê que, apesar de ter certo valor racional, costuma se orientar pelas moralidades do policial "combatente contra o inimigo".

Outro ponto de vista dos avaliadores relativiza o poder das forças reacionárias. Os autores citados afirmam que mudanças incrementais podem colaborar com a qualificação progressiva da investigação criminal. Eles sustentam que "é possível, com algum esgarçamento dos limites da cultura organizacional, qualificar a atuação das polícias investigativas no Brasil" (Batitucci; Zilli; Figueiredo, 2021, p. 74).

Argumento semelhante, embora não idêntico, é adotado por Beato e Ribeiro (2016) na análise dos limites e possibilidades de mudança do modelo policial brasileiro. Eles afirmam que mudanças radicais não ocorrem a partir de uma única alteração legislativa, e que não há respostas mágicas para os problemas de ineficiência, ineficácia e inefetividade das nossas polícias. Reformar a polícia vai além da mudança do artigo 144 da Constituição Federal. É preciso entender essa reforma como um processo gradual, resultante do acúmulo de avanços institucionais. Intervenções de caráter mais minimalista e um planejamento de curto, médio e longo prazos seriam alternativas adequadas, pois levariam ao aprendizado organizacional, criando as bases para transformações mais profundas. Sob tal perspectiva, qualquer reforma estrutural das polícias deve ser orientada pela autoridade política, compondo uma política de segurança pública mais abrangente.

Tais perspectivas são estimulantes e servem de base para os argumentos apresentados neste livro. Mudanças incrementais podem nortear, com boas expectativas de sucesso, uma política pública de modernização das polícias civis na sociedade brasileira. Através desse processo de fortalecimento institucional gradual, as polícias civis podem superar, inclusive, a vulnerabilidade ao clientelismo político. O momento histórico atual parece ser propício à construção de políticas nesse sentido. Ainda assim, é preciso considerar os benefícios da edição de normas fortes, ou seja, normativas estruturantes assentadas em lei. Entretanto, não basta a simples edição de estatutos legais. É essencial o envolvimento de governos, sociedade e setores permeáveis a inovações – setores que hoje também são visíveis nas próprias polícias civis. A lei, quando inserida em uma política pública mais ampla, acompanhada de instrumentos de efetivação dos respectivos comandos, torna-se um elemento decisivo, desde que acompanhada de estratégias de convencimento e implementação.

REFERÊNCIAS

ANUÁRIO Brasileiro de Segurança Pública. Fórum Brasileiro de Segurança Pública. São Paulo: FBSP, 2023.

ANUÁRIO Brasileiro de Segurança Pública. Fórum Brasileiro de Segurança Pública. São Paulo: FBSP, 2017.

ANUÁRIO Brasileiro de Segurança Pública. Fórum Brasileiro de Segurança Pública. São Paulo: FBSP, 2024.

AVDIJA, Avdi S.; AKGUl, Arif. Examining the Clearance Rates of Violent and Non-Violent Offences in the United States: A Trend Analysis, 2011-2018. *International Journal of Offender Therapy and Comparative Criminology*, v. 65, n. 10-11, p. 1224-1241, 2021.

BARRETO JÚNIOR, Jésus Trindade. Polícias civis e políticas de segurança pública no Brasil. *Cadernos Adenauer IX*, Rio de Janeiro, Fundação Konrad Adenauer, n. 4, p. 43-51, 2008.

BARRETO JÚNIOR, Jésus Trindade. Breve reflexão sobre a "engenharia" da ação policial no Brasil. *Revista Brasileira de Segurança Pública*, São Paulo, v. 10, suplemento especial, p. 22-26, fev./mar. 2016.

BATITUCCI, Eduardo Cerqueira; ZILLI, Luís Felipe; FIGUEIREDO, Amanda Mátar. Demandas e restrições cotidianas tensionando normatividades e lógicas em uso na atividade investigativa: estudo de caso da Polícia Civil de Minas Gerais. *Dilemas, Rev. Estud. Conflito Controle Soc.*, Rio de Janeiro, v. 14, n. 1, p. 53-77, 2021.

BEATO, Cláudio; RIBEIRO Ludmila. Discutindo a reforma das polícias no Brasil. *Civitas*, Porto Alegre, v. 16, n. 4, 174-204, 2016.

BRASIL. [Constituição (1988)]. Constituição da República Federativa do Brasil de 1988. Brasília, DF: Presidência da República, [2024]. Disponível em: http://www.planalto.gov.br/ccivil_03/Constituicao/Constituiçao.htm. Acesso em: 1° jun. 2024.

BRASIL. Ministério da Justiça. Secretaria Nacional de Segurança Pública (Senasp). Modernização da Polícia Civil Brasileira: aspectos conceituais, perspectivas e desafios. Brasília, 2005. Disponível em: https://dspace.mj.gov.br/handle/1/2674. Acesso em: 28 fev. 2024.

BRASIL. Lei n° 13.675, de 11 de junho de 2018. Disciplina a organização e o funcionamento dos órgãos responsáveis pela segurança pública; cria a Política Nacional de Segurança Pública e Defesa Social (PNSPDS); institui o Sistema Único de Segurança Pública (Susp). Disponível em: https://www.planalto.gov.br/ccivil_03/_ato2015-2018/2018/lei/L13675.htm. Acesso em: 20 mar. 2024.

BURCHER, Morgan; WHELAN, Chad. Intelligence-led policing in practice: reflections from intelligence analysts. *Police Quarterly*, v. 22, n. 2, p. 139-160, 2019.

BUREAU OF JUSTICE ASSISTANCE - BJA. Navigating Your Agency's Path to Intelligence-Led Policing. Washington, D.C.: U.S. Department of Justice, Bureau of Justice Assistance, 2009.

CARVALHO, Breno Azevedo. *Sistema de Justiça Criminal e procedimentos investigativos para homicídio, roubo e tráfico ilícito de entorpecentes*: uma análise de fluxo e seletividade em Minas Gerais. Dissertação (Mestrado em Ciências Sociais) –Programa de Pós-Graduação em Ciências Sociais, PUC Minas, Belo Horizonte, 2021

CARTER, Jeremy. G. *Policing innovation*: exploring the adoption of intelligence-led policing. Tese (Doutorado em Humanities and Social Sciences) – Humanities and Social Sciences, Universidade do Estado de Michigan, Detroit, 2012.

CARTER, Jeremy G.; PHILLIPS, Scott W. Intelligence-led policing and forces of organizational change in the USA. *Policing and Society*, v. 25, n. 4, p. 333-357, 2015.

COPE, N. Intelligence led policing or policing led intelligence? Integrating volume crime analysis into policing. *British Journal of Criminology*, v. 44, n. 2, p. 188-203, 2004.

CORRÊA, Vanessa Pitrez de Aguiar. O papel da Polícia Judiciária no Estado Democrático de Direito. *Revista CEJ*, Brasília, ano XII, n. 43, p. 16-21, out./dez. 2008.

COSTA, Arthur Trindade Maranhão; OLIVEIRA JÚNIOR, Almir. Novos padrões de investigação policial no Brasil. *Revista Sociedade e Estado*, Brasília, v. 31, n. 1, p. 147-64, 2016.

CRANK, J. P.; KADLECK, C.; KOSKI, C. M. The USA: the next big thing. *Police Practice and Research*, v. 11, n. 5, p. 405-422, 2010.

CRESCENZO, L. D. *Application of the United Kingdom's national intelligence model to United States law enforcement*. Dissertação (Master) – Mercyhurst University, Erie, PA, 2007.

DARROCH, S., MAZEROLLE, L. Intelligence-led policing: a comparative analysis of organizational factors influencing innovation uptake. *Police Quarterly*, v. 16, n. 1, p. 3-37, 2013.

FBSP – Fórum Brasileiro de Segurança Pública. *Raio-x das forças de segurança pública do Brasil*. São Paulo: FBSP, 2024.

FERGUSON, Andrew Guthrie. The rise of big data policing: surveillance, race, and the future of law enforcement. New York: New York University Press, 2017.

FERREIRA, Elenice C. B.; SAPORI, Luis Flávio; LIMA, Flora Moara. O fluxo de processamento do sistema de justiça criminal para o delito de estupro de vulneráveis: um estudo de caso. *Dilemas, Rev. Estud. Conflito Controle Soc.*, Rio de Janeiro, v. 16, n. 2, p. 1-32, 2023.

FREITAS, Lauro Soares. A institucionalização do modelo de gestão CompStat na Polícia Militar de Minas Gerais sob a perspectiva teórica do Translation e Trabalho Institucional. Tese (Doutorado em Administração) – Faculdade de Ciências Econômicas, Universidade Federal de Minas Gerais, Belo Horizonte, 2015.

GEMKE, P. *et al.* Towards a maturity model for intelligence-led policing: a case study research on the investigation of drugs crime and on football and safety in the Dutch police. *Police Practice and Research*, v. 22, n. 1, p. 190-207, 2019.

GILL, P.; PHYTHIAN, M. From intelligence cycle to web of intelligence: complexity and the conceptualisation of intelligence. *In*: PHYTHIAN, M. (Ed.). *Understanding the intelligence cycle*. Florence, Italy: Taylor and Francis, 2013

GROFF, E. R. *et al.* Does what police do at hot spots matter? The Philadelphia Policing Tactics Experiment. *Criminology*, v. 53, n. 1, p. 23-53, 2015.

INNES, Martin. Policing uncertainty: countering terror through community intelligence and democratic policing. *The Annals of the American Academy of Political and Social Science*, v. 605, n. 1, p. 222-241, 2006.

KAHN, Túlio. Modelos de estruturação das atividades de polícia técnica e de perícia no Brasil. *Revista Brasileira de Segurança Pública*, São Paulo, v. 8, n. 2, p. 198-217, ago./set. 2014.

KANT DE LIMA, Roberto. *A polícia da cidade do Rio de Janeiro*: seus dilemas e paradoxos. Rio de Janeiro: Forense, 1995.

KANT DE LIMA, Roberto. Polícia, justiça e sociedade no Brasil: uma abordagem comparativa dos modelos de administração de conflitos no espaço público. *Rev. Sociol. Polit.*, Curitiba, n. 13, p. 23-38, 1999.

LEWANDOWSKI, C.; CARTER, J. G.; CAMPBELL, W. L. The utility of fusion centers to enhance intelligence-led policing: an exploration of end-users. *Policing: A Journal of Policy and Practice*, v. 12, n. 2, p. 177-193, 2018.

LIMA, Flora Mora; SAPORI, Luis Flávio; RIBEIRO, Ludmila. Cooperação e escassez: o papel do flagrante delito no sistema de justiça criminal. *Civitas*, v. 21, n. 3, p. 467-478, set.-dez. 2021.

LUNA MOUREIRA, Diogo; BARRETO JÚNIOR, Jésus Trindade. Ainda sobre os desdobramentos do caso Marielle Franco: oportunidade para novos olhares sobre a Polícia Civil. *Fonte Segura*, n. 230, 8 maio 2024.

MACHADO, Bruno Amaral. O inquérito policial e a divisão do trabalho jurídico-penal no Brasil: discursos e práticas. *Revista Brasileira de Segurança Pública*, São Paulo, v. 9, n. 1, p. 12-33, fev./mar. 2015.

MEDEIROS, Flávio Meirelles. *Código de Processo Penal Comentado*. 2019. Disponível em: https://flaviomeirellesmedeiros.com.br. Acesso em: 30 maio 2024.

MISSE, Michel. O papel do inquérito policial no processo de incriminação no Brasil: algumas reflexões a partir de uma pesquisa. *Revista Sociedade e Estado*, v. 26, n. 1, p. 15-27, jan./abr. 2011.

MINISTÉRIO da Justiça. Fórum Brasileiro de Segurança Pública. *A investigação de homicídios no Brasil*. Gestão e disseminação de dados na política nacional de segurança pública. Brasília, 2013.

NICHOLL, J. Task definition. *In*: RATCLIFFE, J. H. (ed.). *Strategic thinking in criminal intelligence*. Sydney: Federation Press, 2004. p. 53-69.

ORGANIZATION FOR SECURITY AND CO-OPERATION IN EUROPE - OSCE. *Guidebook: Intelligence-Led Policing*.Vienna: Organization for Security and Co-operation in Europe, 2017.

OSOLAFIA, Muhammed Egye; UGBEDEOJO, Ameh Emmanuel. Intelligence-led policing and kidnapping crimes prevention and control in federal capital territory, Nigeria. *European Journal of Science, Innovation and Technology*, v. 2, n. 4, p. 79-89, 2022.

PAIXÃO, Antônio Luiz. A organização policial numa área metropolitana. *Dados, Revista de Ciências Sociais*, Rio de Janeiro, p. 63-86, 1982.

PERSICHINI, Gustavo de Souza. *Polícia Judiciária*: reflexões teóricas e práticas. Org. Cinara Maria Moreira Liberal *et al*. Londrina: Thoth, 2023.

PHAIROOSCH, Abdulla. *Intelligence-led policing*: interpretation, implementation and impact. Tese (Doutorado) – Departamento de Estudos sobre Segurança e Criminalidade, Universidade de Macquarie, 2019.

PLATERO, Klarissa; VARGAS, Joana Domingues. Homicídio, suicídio, morte acidental... "O que foi que aconteceu?". Revista Dilema, Rio de Janeiro, v. 10, n. 3, p. 621-641, 2017.

PONCIONI, Paula Ferreira. A questão da legitimidade policial na democracia – a educação policial em foco. *Revista Brasileira de Segurança Pública*, São Paulo, v. 16, ed. especial, p. 14-29, 2022.

RATCLIFFE, Jerry H. *Intelligence-led policing*. [*S. l.*]: Willan Publishing, 2008.

RATCLIFFE, Jerry H. Knowledge management challenges in the development of intelligence-led policing. *In*: THE HANDBOOK of knowledge-based policing: current conceptions and future directions. Chichester: John Wiley and Sons, 2008. p. 205-220.

RATCLIFFE, Jerry H. *Intelligence-led policing*. 2. ed. Oxon and New York: Routledge, 2016.

REINER, R. Policing and the police. *In*: MAGUIRE, M.; MORGAN, R.; REINER, R. (ed.). *The Oxford Handbook of Criminology*. Oxford: Clarendon Press, 1997. p. 997-1049.

RIBEIRO, Ludmila. A produção decisória do sistema de justiça criminal para o crime de homicídio: análise dos dados do estado de São Paulo entre 1991 e 1998. *DADOS – Revista de Ciências Sociais*, Rio de Janeiro, v. 53, n. 1, p. 159-193, 2010.

RIBEIRO, Ludmila; ROCHA, Rafael; COUTO; Vinícius. Nas malhas da justiça: uma análise dos dados oficiais de indiciados por drogas em Belo Horizonte (2008-2015). *Opinião Pública*, Campinas, v. 23, n. 2, maio-ago. 2017.

RIBEIRO, Ludmila; LIMA, Flora Moara. Será que vai virar processo? Determinantes da elucidação dos homicídios dolosos em uma cidade brasileira. *Opinião Pública*, Campinas, v. 26, n. 1, p. 66-97, jan.-abr. 2020.

SANTOS, Advocacia 2024. Atuação da Defesa no Inquérito Policial – Ampla Defesa X Atos de Defesa. *Jusbrasil*, 2024 Acesso em: 7 maio 2024. Disponível em: https://www.jusbrasil.com.br/artigos/atuacao-da-defesa-no-inquerito-policial-ampla-defesa-x-atos-de defesa/1310972563#:~:text=%E2%80%9CO%20inqu%C3%A9rito%20%C3%A9%2C%20por%20sua,instru%C3%A7%C3%A3o%20judicial%E2%80%9D%5B2%5D. Acesso em: 1º jun. 2024.

SANTOS, R. B. The effectiveness of crime analysis for crime reduction: cure or diagnosis? *Journal of Contemporary Criminal Justice*, v. 30, n. 2, p. 147-168, 2014.

SAPORI, Luis Flávio. A justiça criminal brasileira como um sistema frouxamente articulado. *In*: SLAKMON, Catherine; MACHADO, Maíra Rocha; BOTTINI, Pierpaolo Cruz (org.). *Novas direções na governança da justiça e da segurança*. Brasília: Ministério da Justiça, 2006.

SAPORI, Luis Flávio. *Segurança pública no Brasil*: desafios e perspectivas. Rio de Janeiro: Editora FGV, 2007.

SAPORI, Luis Flávio; MEDEIROS, Regina. Crack: um desafio social. Belo Horizonte: Editora PUC Minas, 2010.

SAPORI, Luis Flávio; SOARES, Glaucio. Por que cresce a violência no Brasil? Belo Horizonte: Autêntica, 2015.

SCHAIBLE, L. M.; SHEFFIELD, J. Intelligence-led policing and change in state law enforcement agencies. *Policing: An International Journal of Police Strategies and Management*, v. 35, v. 4, p. 761-784, 2012.

SHEPTYCKI, J. Organizational pathologies in police intelligence systems. *European Journal of Criminology*, v. 1, n. 3, p. 307-332, 2004.

SILVA, W. C. P. Usando policiamento liderado por inteligência para combater assaltos a bancos no Rio Grande do Norte, Brasil. *Revista Brasileira de Ciências Policiais*, Brasília, v. 13, n. 8, p. 21-51, 2022. DOI: 10.31412/rbcp.v13i8.929. Disponível em: https://periodicoshom.pf.gov.br/index.php/RBCP/article/view/929. Acesso em: 19 maio. 2024.

SOU DA PAZ, Instituto. Investigação e esclarecimento de roubos em São Paulo. 7º Encontro do Fórum Brasileiro de Segurança Pública. Cuiabá, jul. 2013.

SOU DA PAZ, Instituto. Sou da Paz analisa. Estatísticas criminais do Estado de São Paulo. Panorama 2016.

SOU DA PAZ, Instituto. *Onde mora a impunidade*. São Paulo, 2020.

SOU DA PAZ, Instituto. *Onde mora a impunidade*. São Paulo, 2023.

STANIER, Ian. Enhancing intelligence-led policing: law enforcement's big data revolution. *In*: BIG Data Challenges. London: Palgrave, 2016. p. 97-113.

TROJANOWICZ, Robert C.; BUCQUEROUX, Bonnie. *Policiamento comunitário*: como começar. Tradução: Mina Seinfeld de Carakushansky. Rio de Janeiro: Polícia Militar do Estado do Rio de Janeiro; Editora Parma, 1994.

U.S. DEPARTMENT OF HOMELAND SECURITY - DHS. National Network of Fusion Center.' *Summary of Findings*. Washington, DC. 2015. Disponível em: https://www.dhs.gov/publication/2014-fusion-center-assessment. Acesso em: 18 maio 2024.

UNODC. United Nations. Global Study On Homicide 2023. New York, 2023.

VARGAS, Joana Domingues; NASCIMENTO, Luís Felipe Zilli. Uma abordagem empírica do inquérito policial: o caso de Belo Horizonte. *In*: MISSE, Michel (org.). *O inquérito policial no Brasil*: uma pesquisa empírica. Rio de Janeiro: Booklink/FENAPEF/NECVU, 2010. p. 102-190.

ZILLI Luís Felipe, VARGAS, Joana Domingues. O trabalho da polícia investigativa face aos homicídios de jovens em Belo Horizonte. *Ciência & Saúde Coletiva*, v. 18, n. 3, p. 621-632, 2013.

GLOSSÁRIO

Accountability: princípio de responsabilidade e transparência na gestão pública, especialmente na recepção e utilização de dados e informações.

Ambiente de situação: espaço dedicado a analistas para que monitorem, avaliem e interpretem dados em tempo real para apoiar decisões estratégicas e operacionais.

Ato investigativo: processo de coleta de informações e evidências para esclarecer um crime.

Autos de devassa: procedimento inquisitorial utilizado no Brasil colonial para investigar crimes, sendo um antecedente histórico do inquérito policial.

Big data analytics: processo de análise de grandes e complexos conjuntos de dados para descobrir informações ocultas, padrões desconhecidos e outras informações úteis.

Boletim de ocorrência: documento oficial no qual são registradas ocorrências criminais e incidentes reportados à polícia.

Centro de Direção e Controle da Investigação (CDCI): estrutura organizacional proposta para modernizar e coordenar as investigações criminais.

Centro de telecomunicações: unidade responsável pela comunicação e disseminação de informações entre diferentes departamentos e unidades policiais.

Cibersegurança: práticas e tecnologias utilizadas para proteger sistemas, redes e dados contra-ataques digitais.

Clientelismo político: prática política em que benefícios são oferecidos em troca de apoio, frequentemente resultando em corrupção e ineficiência administrativa.

Comparative Statistics: sistema de gestão de desempenho policial que utiliza dados estatísticos para monitorar e melhorar as atividades policiais.

Computação em nuvem: tecnologia que permite o armazenamento e o acesso a dados e programas pela internet, em vez de em um computador local.

Crime organizado: estrutura criminal que opera de forma organizada e sistemática, frequentemente envolvendo múltiplos delitos e atividades ilegais.

Custódia das evidências: processo de guarda e proteção das evidências coletadas durante uma investigação criminal, garantindo sua integridade e validade legal.

Delegacia especializada: unidade policial focada na investigação de tipos específicos de crimes, como homicídios ou crimes contra a mulher.

Efetivo policial: conjunto de policiais em atividade em uma determinada unidade ou instituição.

Epistemologia do ato investigativo: estudo dos métodos e fundamentos do conhecimento aplicados à investigação criminal.

Espiral de correlação – Informação/Ação: metáfora utilizada para descrever a integração de variáveis informacionais no processo de construção do conhecimento dentro do CDCI.

Feudos informacionais: situação em que o conhecimento é retido por grupos específicos dentro de uma organização, impedindo a disseminação ampla e colaborativa da informação.

Flagrante: situação em que um indivíduo é capturado no momento em que está cometendo um crime.

Indicador de elucidação de homicídios: métrica utilizada para calcular a proporção de homicídios que resultam em ações judiciais.

Indicador Nacional de Esclarecimento de Homicídios: Métrica proposta pelo Instituto Sou da Paz para medir a proporção de homicídios esclarecidos em relação ao total de crimes registrados.

Inquérito policial: procedimento administrativo conduzido pela polícia para investigar infrações penais e reunir provas que possam sustentar uma ação judicial.

Inteligência artificial (IA): tecnologia que simula a inteligência humana em máquinas, permitindo a análise avançada de dados e a automação de processos.

Inteligência policial: uso de informações e análises para apoiar a tomada de decisões e estratégias de combate ao crime.

Investigação criminal: processo de investigação de crimes com o objetivo de identificar e responsabilizar os autores.

Investigação Guiada por Inteligência: abordagem teórica e prática que utiliza a gestão de informações e do conhecimento para melhorar a eficácia das decisões policiais.

Machine learning: subcampo da inteligência artificial que permite que sistemas aprendam e melhorem automaticamente a partir de experiências passadas.

Núcleo de telecomunicações: unidade responsável pela comunicação e disseminação de informações para apoiar a investigação policial.

Oitivas: procedimentos de coleta de depoimentos de testemunhas, vítimas e suspeitos durante a investigação criminal.

Polícia Judiciária: órgão policial responsável pela investigação de crimes e pela execução de mandados judiciais.

Policiamento Orientado ao Problema: estratégia policial que enfoca a identificação e resolução de problemas específicos que contribuem para a criminalidade.

Provas subjetivas: evidências baseadas em depoimentos e percepções pessoais, em contraste com provas objetivas obtidas por meio de perícias técnicas.

Reincidência criminal: retorno ao comportamento criminoso por parte de um indivíduo que já foi condenado por crimes anteriores.

Sistema Único de Segurança Pública (Susp): sistema brasileiro que integra e coordena as ações de segurança pública em âmbito federal, estadual e municipal.

Sistemas de custódia: estruturas e práticas relacionadas à detenção e supervisão de indivíduos presos ou em processo judicial.

Street level bureaucrats: termo que descreve os agentes de nível operacional que implementam políticas públicas e cujas práticas cotidianas influenciam significativamente a aplicação dessas políticas.

Subcultura policial: conjunto de valores, normas e práticas compartilhadas por membros de uma organização policial, que podem influenciar seu comportamento e atitudes.

Taxa de esclarecimento de crimes: Percentual de crimes resolvidos pela polícia, com a identificação e acusação dos responsáveis.

Telemática: Integração das telecomunicações e da informática para transmitir informações de forma eficiente.

Topologia dos Agentes de Investigação: Estrutura organizacional e hierárquica dos agentes envolvidos na investigação criminal.

SOBRE OS AUTORES

Luis Flávio Sapori – É professor e doutor em Sociologia pelo Instituto Universitário de Pesquisas do Rio de Janeiro (IUPERJ), 2006. Atuou como secretário adjunto de Segurança Pública do estado de Minas Gerais de janeiro de 2003 a junho de 2007 e coordenou o Instituto Minas Pela Paz no biênio 2010-2011. Atualmente, é professor no programa de pós-graduação *stricto sensu* em Ciências Sociais da PUC Minas e coordenador do Centro de Estudos em Segurança Pública (CESP/PUC Minas). Foi secretário de Segurança Pública do município de Betim (MG) de fevereiro de 2015 a dezembro de 2016. Com experiência em Sociologia do Crime e da Violência, Sapori foca em temas como justiça criminal, polícia, organizações e violência. É autor de diversos artigos científicos e livros, incluindo *Segurança pública no Brasil: desafios e Perspectivas* (Editora Fundação Getúlio Vargas, 2019), *Crack: um desafio social* (Editora PUC Minas, 2010) e *Por que cresce a violência no Brasil?* (Autêntica e Editora PUC Minas, 2003). Recentemente, dedicou-se ao estudo da reincidência no sistema prisional e socioeducativo em Minas Gerais, além de coordenar um estudo pioneiro sobre tortura, maus-tratos e a qualidade das assistências aos presos no sistema prisional do estado.

Jésus Trindade Barreto Júnior – Possui graduação em Direito pela Universidade Federal de Minas Gerais (1982) e mestrado em Educação pela mesma instituição (2009). É delegado-geral de polícia da Polícia Civil de Minas Gerais e coordenador da Área Temática de Ensino Profissional da Academia de Polícia Civil de Minas Gerais. É um dos fundadores do Fórum Brasileiro de Segurança Pública e atua, principalmente, nos temas de segurança pública, Polícia Civil, saberes profissionais e direitos humanos.

Lauro Soares de Freitas – É graduado em Engenharia Mecânica de Produção (2000), mestre em Engenharia de Produção (2003) e doutor em Administração (2015) pela Universidade Federal de Minas Gerais. Foi coordenador do curso de Engenharia de Produção e diretor-adjunto da Faculdade Pitágoras de Belo Horizonte. Atuou como assessor da Secretaria de Defesa Social de Minas Gerais e como gerente de projetos na Kroton Educacional. Atualmente, é pró-reitor e coordenador do curso de Engenharia de Produção da PUC Minas, docente nos programas de pós-graduação da Academia da Polícia Militar e da PUC Minas, além de professor visitante na Griffith University (Austrália) e na Universidade Politécnica de Moçambique. É pesquisador no GETi e no CESP da PUC Minas, com atuação em projetos de institucionalização de modelos de gestão em organizações de segurança pública e estudos sobre tortura, maus-tratos e assistências no sistema prisional.

Gustavo Persichini de Souza – É doutorando em Ciências Sociais na linha de pesquisa Políticas Públicas pela PUC Minas. Possui mestrado em Administração Pública com ênfase em Gestão da Informação pela Fundação João Pinheiro (2005) e MBA Executive International (2002) pela Fundação Getúlio Vargas/Ohio University. É especialista em Administração Pública e graduado em Administração Pública pela Fundação João Pinheiro (2000) e em Direito pela Pontifícia Universidade Católica de Minas Gerais (2005). Atualmente, é professor e coordenador da Área Temática de Ensino Profissional da Academia de Polícia Civil de Minas Gerais e dos cursos de pós-graduação em Criminologia e Gestão Pública da Acadepol de Minas Gerais. Foi superintendente-geral da Associação Mineira de Municípios (AMM) e auditor da Polícia Civil de Minas Gerais. Atualmente, é assessor do gabinete da direção-geral da Acadepol em Minas Gerais.